博瑞森图书
BRAGE

企业阅读 本土实践

管理 · 人文 · 生活

洞察人性的营销战术

沈坤教你28式

沈金坤（笔名：沈坤）◎著

云南出版集团公司
云南科技出版社
·昆 明·

图书在版编目（CIP）数据

洞察人性的营销战术：沈坤教你28式/沈金坤著．—昆明：云南科技出版社，2017.6
ISBN 978－7－5587－0733－9

Ⅰ.①洞…　Ⅱ.①沈…　Ⅲ.①营销策略　Ⅳ.①F713．50

中国版本图书馆CIP数据核字（2017）第180075号

责任编辑：赵伟力
　　　　　屈雨婷
封面设计：久品轩设计
责任印制：翟　苑
责任校对：叶水金

云南出版集团公司
云南科技出版社出版发行
（昆明市环城西路609号云南新闻出版大楼 邮政编码：650034）
北京富泰印刷有限责任公司　全国新华书店经销
开本：710mm×1000mm　1/16　印张：19.5　字数：279千字
2017年12月第1版　2017年12月第1次印刷
定价：68.00

用横向思维洞悉人性弱点

感谢您阅读本书，当您翻开书页，就意味着您已经打开了这本专注于营销战术的营销谋略书。这是一本全新的商业兵法书籍，它拥有许多新奇的营销招数，足以影响你对传统营销理论的固有认知。

本书介绍了 28 个匪夷所思的营销怪招，涉及商业竞争的方方面面，大部分招数甚至可以直接运用到企业的营销中。可以说，如果将其放置于江湖武林，它将是一本足以使你号令天下、一统江湖的武林秘笈。

春秋时期的一部《孙子兵法》，让我们在一场又一场惨烈的战争中见识到了智慧的力量，后人每每提及战争必然会想到《孙子兵法》，甚至还有人将其运用到商战中。这不仅说明了这部兵法的实用之处，还提出了一个引人深思的问题，那就是我们总是习惯性地聚焦于如何运用它，却鲜少有人通过破局和创新来超越它。

同样，在中国的营销界，人们总是习惯性地套用由美国西北大学菲利普·科特勒教授撰写的《营销管理》，以及艾·里斯、杰克·特劳特提出的定位观点等营销理论，却始终没有人想过如何超越他们的成就。这就导致中国企业只能单向地接受不少专业的营销策划公司和定位策划专家贩卖的营销理论、实战技能和定位理论。

有人说，理论是后人对实践的归纳总结，基本上已经形成了一种固有的模式，我们只要将其运用得更加熟练就行了。我也同样是受国外先进的营销理论影响并在营销实战中成长起来的营销人，不同的是，我并不满足于运用经验，我喜欢冒险和探索。因为市场营销是一种应对未来的谋略和行为，既然是应对未来，那么过往的理论由于时代的限制就必然会有缺陷。

学生时代，对诗歌和哲学的广泛阅读和深入思考，逐步影响了我对世界和人生的看法，尤其是一些涉及心理学范畴的内容，更使我对人的生命及社会的发展有了不一样的体悟，随后由于职业的关系，我逐渐把这种体悟引入营销思考中。这就是我研究横向思维创新的开始，也是我突破营销经验窠臼，进行自我思维破局的关键。

思维就是人的意识和潜意识过程，它统率人的灵魂，人的一切行为都是受思维支配的。我们现在运用的是古希腊圣贤们于2400年前创立的逻辑思维，这是一种非常高效的思考模式，它的特征就是依赖经验和数据进行分析，但是它的效能只对过去或者已经存在的事物产生作用，在应对未来方面有着很大的局限性。

我在营销策划的实践中发现，消费者的消费行为是受大脑思维影响的，所以，我在设计策略的时候，总是会思考消费者在购买产品时会如何思考、他们思维的轨迹又是如何运行的、我要用什么样的策略才能影响到他们、我要怎么做才能让他们不顾一切地想要拥有产品和服务？这个思考在一定程度上涉及了未来式的横向思维。

社会规范的影响也好，价格锚定的支配也罢，消费者的购买行为都会被一种强大的理由左右，而这个理由的强大程度，则是由营销策略设计者的思维高度和宽度决定的。因此，本书所涉及的营销招数几乎都是我站在一个营销谋略者的角度，在充分了解消费者的消费思维过程之后做出的一个个应对性策略。

本书中的28个营销招数都建立在对人性的把握及对消费者思维过程

的控制上，用读者的话来说，就是读起来特别过瘾。因为它没有任何说教，也不谈丝毫的理论。我只是把每个招数的意义、作用、使用方法和案例样板一一拆解开来，让读者能够轻松看懂并学以致用。

沈 坤

2017 年 10 月

以小博大、以弱胜强的谋略家

看了沈坤发过来的书稿，给我的第一印象就是：他是一个擅长研究消费心理的人；是一个既彪悍又细腻的人。尽管表面上看起来，他谈的是策划的招数，但是招数背后的支撑无疑是对消费心理的精准把握，是对中国国情的深刻理解。作为营销战略方面的专业人士，在我看来他已经把零散的策划招数上升到了“道”的层面，形成了相对完整的套路，尽管他自己并没有这么说。

很多人都认为，在中国这样一个鱼龙混杂的初级市场上，经典的市场营销理论是难以发挥作用的。这句话只说对了一半。因为事实好像真的如此，很多领域都是劣币驱逐良币，没有章法、胡打乱打的人反倒成功了。其实，对于中小企业来说，没有资格与大企业打阵地战，只能采用迂回包抄战术或游击战术，这个时候要想以弱胜强就必须以奇招、怪招来进攻，所以沈坤的策划绝招就应运而生了。说错了一半，是因为很多人一味地排斥西方的管理体系，认为西方的管理理念不符合中国国情，过分强调中国式营销。其实，很多人并没有搞清楚问题的根源在哪里。要知道，任何管理理论、最佳管理实践都要考虑时间和空间这两个因素。企业所处的发展阶段不同，时间点就改变了；企业所处的市场环境不同，空间点就改变了。所以，在西方国家行之有效的很多措施会在中国市场失灵，这是很正常的现象，究其原因就是盲目跟风、照搬照抄。

在我看来，当今中国最缺的就是能够洋为中用、古为今用的综合性人才：既能够谦卑地学习、借鉴西方成熟的管理理念，又能够根据中国国情进行本土化创新，不走寻常路。然而，这样的人才在一个抄袭模仿成风、炒作盛行的市场环境中是很难生存的。沈坤可以说是一个难得的“独行侠”，从他的书稿中可以感受到他内心深处那种不服输的精神，那种不人云亦云的态度，那种灵活驾驭营销理论的能力。

我做市场营销工作已经整整30年了，从职业经理人到咨询顾问，见证了中国企业30年的营销进程。总的来说，绝大多数企业都喜欢在市场宣传上做文章，仅有极少数企业舍得在产品创新上做文章，因为做好产品不容易，需要有耐心和毅力。我最大的愿望就是看到更多的人能回归市场营销的原点，深入挖掘目标客户未被满足的需求，从而基于消费心理在产品创新上做文章。只有做出让国人自豪、追捧的好产品，才能实现可持续发展，才有可能走出中国、走向世界。

多年来，我的座右铭始终是：换个方向就是第一，要勇于做一条反方向游的鱼。看完沈坤的书稿，我感觉这个世界上又多了一个同路人，一个不随大流、不落俗套的人。尽管沈坤侧重于策划，我侧重于顶层设计，但是我们之间还是有很多相同之处。

《赢在顶层设计》作者、著名营销战略专家　高建华

2017年10月

无创新，不营销

何谓营销？在我看来，简单地说，就是解决卖什么、卖给谁、怎么卖的问题。在营销过程中，尽管“销”是目的，但“营”却是不可或缺的手段。当然，从营销策划的角度来看，高深的理论也很多：从 4P 到 4C，从定位理论到波特竞争战略，从 CIS 系统构建到整合营销传播，从蓝海战略到长尾理论……在互联网时代的大背景下，我们又常常在谈论病毒式传播及社会化营销。

只需稍作梳理，就很容易发现，我们的营销理论其实一直处于不断变化的状态之中。正所谓“江山代有才人出，各领风骚数百年”，上述思路、方法并没有谁优谁劣、谁对谁错之分，甚至全都堪称经典。之所以产生各种各样的变化，是因为市场在不断变化，我们对于市场的认识与理解在不断变化，而变化正是创新的起点。

从前面罗列的各种理论来看，其实有一点遗憾。这些经典的、引领世界潮流的思路与方法都是“舶来品”，面对我们国家如此广阔的市场、丰富的企业产品类型，以及庞大的消费者群体这一现状，我们对于市场营销领域的研究与思想贡献却难言突出。

另一方面，市场营销从来不是“一招鲜，吃遍天”的工作，我们的客户、受众、消费者从需求、心理、认知和体验感上来说，也是瞬息万变。同样的“招数”，很快就会被人模仿，甚至被人超越，同时也很快就会让人感到审美疲劳。因此，这就要求我们必须每天都有新点子、新花样，从而为市场带来新的刺激。

“兵无常势，水无常形”，在本书中，你能明显感受到中国商业竞争与中国经营智慧的变化多端，接地气的营销奇招、带有思辨色彩的策划哲学，以及立竿见影的创意干货层出不穷。虽然本书作者沈坤老师诙谐地将自己多年来在行业中摸爬滚打得出的经验与策略总结为猛招、狠招甚至是怪招，但我始终认为，只要能够为企业带来实际价值的、切实可行并且行之有效的，都可以称之为好招、妙招。

作为大型农牧和新能源企业，通威集团及旗下拥有数以百计的分公司、子公司的品牌，因而产品的策划、塑造、传播与推广是一项极其复杂的、系统的、长期而艰巨的工程。服务于这个岗位十七年，其中甘苦，亦如人饮水，冷暖自知。但也正是在这样的过程中，我们才有机会、有缘分结识了沈坤老师，并与其“双剑破局”进行合作。

在我看来，沈坤老师不仅幽默风趣，他的思维也极其活跃，浑身上下每一个细胞都充满着创意的因子。而且，他是一个心胸十分开阔的人，在工作和生活中，他总会与你分享其独到见解，热情地为你出谋划策，并无私地与你分享经验。

无创新，不营销。如果你有意愿、有想法，想在市场营销工作中有所作为和突破，本书将带你一起脑力激荡，脑洞大开！

通威集团副总裁　黄其刚

2017年9月

目录

第一式

公平效应

杀敌于无形的神奇营销战术

这是一个针对人的潜意识和心理因素而设计的营销招数。在我的营销策划生涯中，充斥着叛逆和固执，我的叛逆和固执促使我不愿意走营销的寻常路，也就是自己跟自己过不去。其实，现有的营销理论也足够我们做好任何市场营销工作，但我的叛逆和固执就是想帮助企业、客户和朋友减少成本投入、降低市场风险，所以只能想一些别人不会用的奇招怪术，而这样的思考迫使我踏上了研究创造性思维——横向思维的路途。这种利用人谋求公平的心理愿望进行营销策略设计，确实能取得潜移默化的神奇效果，而且这个公平策略的执行往往不需要投入太多的广告费，是一个实实在在的低成本营销战术，运用得好，就会给企业营销创造奇迹。

公平是指公正，不偏不倚，一般是指所有的参与者（人或者团体）的各项属性（包括投入、获得等）力求平均的一种理想状态。横向思维就是要善于从这种公平效应中发现可以利用的商业策略和商机。

“公”为公正、合理，能获得广泛的支持；“平”指平等、平均。公平一般是一种理想状态，就现代社会而言没有绝对的公平。现代社会的道德提倡公平，而公平也是各项竞技活动开展的基础，但真正意义上的绝对公平是不存在的。公平一般靠法律和协约保障，由活动的发起人（主要成员）制定，参与者遵守。

公平效应是指人类通过社会教育和道德体系所建立起来的一种利益分配时的理想状态，当一方与另一方发生交易行为时，双方都会追求这种感到公平的利益平衡状态，如果发生失衡现象，那么双方就会产生矛盾，从而将内心的不满转化为实际行动。

男人与男人之间打架，我们即使看到了也不会感到意外，更不会愤怒。但是，如果你在街头发现一个男人在打女人，或者是一个成年男人在殴打老人或小孩，你的内心就会产生愤怒，就会忍不住批评这种不公平的现象。

尽管社会中不存在绝对意义上的公平，但无论在哪个领域，我们的内心都在有意或无意地追求公平或者遵守公平，因为人类一旦发现不公平就会产生矛盾，有的人一旦发现天平倾斜其内心就会愤愤不平，但如果主体与客体本身存在不公平，即当天平倾向于自己时，公平的愿望就会自动消失。

德国科学家曾经做过一个分钱的实验，参与者为两个人，实验教授将1000元美金交给实验对象，让他们进行分钱游戏。游戏的规则是：分钱由两人中的一人负责，分钱的人决定分给对方多少钱或是自己独占，但拿不到钱或者拿钱少的那一方不能有意见，一旦有意见，则两人都不能得到钱。

大部分分钱实验者是对半分。将大部分钱留给自己，只分给对方很少一部分钱，拿钱少的那部分人几乎都有意见，所以被迫弃权。

一个月以后，实验教授再次将这些实验者召集到一起，但这次不是人与人搭档进行游戏测试，而是人与机器配对做分钱游戏，由机器负责分钱。有的实验者拿到了800多元美金，有的实验者只拿到50元美金，甚至更少。有趣的是，所有参加实验的人都没有向机器发出抱怨。

这个实验告诉我们，当人与人一起做分钱游戏时，彼此追求的是一种相对的公平，如果一方自私多拿而少给对方钱，不利的一方就会有意见，所以才有游戏者采取对半分的策略。而人与机器产生分钱差异时，人却不会抱怨机器，因为人与机器不在人格的平等基础上，并且机器不是人。

其实，在我们的生活中存在着很多不平等现象，如大人与孩子、健康人与残疾人、男人和女人等，都属于不平等或不公平的组合，残疾人、孕妇和老人上公交车，大部分人会主动让座，如果发现孕妇专座上端坐着一个健康的壮年人，我们都会感到愤愤不平，有公德心的人会挺身而出，指责这种不公平的社会现象，因为社会教育已经使我们具备了对这种不公平的自然反应。

在市场营销领域，各种不公平现象同样随处可见，如追求公平利益的消费者。如果能掌握或者利用这种公平效应，那么极有可能会给我们的产品销售带来巨大的效益。

企业大张旗鼓推出的产品促销活动，很多促销活动的规则是由主办方制定，而消费者是无权参与也无法制定的，这对消费者来说是不公平的。虽然有些活动会有一些公证机构参与，但有些解释权只能由企业一方掌握。

消费者进餐厅、酒楼消费，餐厅里的酒水价格要比在超市里购买的贵一倍甚至更多，有些餐厅、酒楼还限制消费者不能自带酒水，或者对自带酒水的消费者要加收开瓶费等。这对消费者而言就是一种不公平待遇，但就是没有说理的地方，消费者只能在心里愤愤不平。

所以，对于在竞争市场中的营销策略来说，这样的不公平现象可以直接拿来作为攻击竞争对手的武器，我们可以针对竞争对手的这种不公平漏洞，专门设计竞争性策略，既战胜了竞争对手，又赢得了消费者。

2000 年，我在深圳策划 × × 酒楼的时候就采取了这一招：允许消费者自带酒水，并且坚决不收任何开瓶费。我想以这种反对不公平的方式，给消费者非常公平的感觉。这样的做法甚至让消费者觉得有点公平过头了，但这一招轰动了整个餐饮界，在吸引了更多的消费者前来就餐的同时，甚至还有餐饮业的记者专门拿此事当新闻来发布。

在门店销售中，消费者进店购物时都渴望店内的价格是公平的，与服务员的沟通交易也是公平的，一旦发现沟通或者交易对象不对等，交易行为也会随之发生变化。

如果是以男性消费者为核心的行业，店员就应该挑选外表甜美、能说会道的女店员，因为遇到漂亮的女孩，一般男性很少会与之讨价还价，甚至还会因此增加光顾的频率，这就是隐藏在我们内心深处的公平秤杆在起作用。

如果是女性消费者，那么最好选择外表干净、健康的男士做营业员，无论哪个行业，只要如此进行设计就会有巨大的市场反应。有时候营销业绩好，还真说不上来究竟是怎么回事，但我告诉你，这就是神奇的公平效应。

前几年在有些城市发生了奇怪的事：购房比较早的房主与后来降价销售的房地产公司产生纠纷，原因是他们购买的时候是8000元/m^2，而现在购房的人只需要6500元/m^2，他们强烈要求房地产公司退补多收的房价，早购房的住户认为自己吃了亏，遭遇了不公平的对待。

奇怪就奇怪在这里，我们一方面渴望自己获得公平，另一方面喜欢占他人便宜而让他人感觉不公平。购房本来是一种有契约式的公平交易，但购房一族的心态竟然如此奇怪：购房前，所有人都希望房地产商降价，购房以后却特别渴望房地产商涨价。甚至内心特别希望后来购房者付更多的房款，只有这样，他们的内心才会更舒服一些、更平衡一些。

道路上发生交通事故引发双方争吵的时候，吵架的一方总希望围观的人能帮自己说话，以便求得事件的公平解决。有时候事情就是这么奇怪，明明双方讲清楚之后就可以轻松地解决问题，却非要等到交警出面，两人到交警队事故处理组待一天，处理结果并没有什么不同，却依然觉得只有这样才是公平的。

在20世纪90年代初，曾经发生过一件怪事。一名上早班的工人在上班的路上捡到一个小包，打开一看里面竟然全是100元的现金，足足有几万元。这位工人见周围没有人，就带着包去工厂上班。但上班过程中因为捡来的巨款而心神不定，两个小时后他就向组长说身体不舒服要求请假，然后拿着包准备回家藏起来。

不巧的是，那个丢了钱的人正在这一带寻找，并仔细地查看过往行人，当他发现这位工人手里拿的包跟他丢失的包差不多时，就把这位工人拦下，然后直接说这个包是自己丢的，并说出了正确的金额数字。

失主见捡包的工人硬是不承认，认为是要报酬，就许诺如果他能归还此包，就给他5000元酬金。但捡包工人就是不答应，也不承认包是捡的，结果两人就吵起来，吸引了路人围观，恰巧一名警察路过，就将他们带回了派出所。

最终的处理结果是，捡包的工人非但没有得到任何好处，反而因此被拘留7天，真是得不偿失。为什么会这样呢？因为捡包的工人知道这个包里有多少钱，他觉得仅仅得到5000元感谢金不公平。他因为这个不公平的念头，使自己进了拘留所，同时，也因为拘留事件而被开除了公职，成为下岗工人。

在企业经营和市场营销中，到处都充斥着公平或者是不公平的现象，我们可以运用横向思维将公平故意设计成引发人们不公平反应的营销策略，而不公平现象则被我们抓住，用来激发人们对公平的渴求。譬如在菜市场，我们习惯性的不信任商贩，所以工商所或者市场管理部门会在醒目的位置摆上一个公平秤，既可以帮助消费者检验是否缺斤少两，又可以震慑那些缺斤少两的商贩。

餐厅、酒楼会将自己的厨房运作公开透明地展现给消费者，使消费者看到厨房是否干净、是如何运作的、用的是地沟油还是新鲜的好油。通过这种透明的方法彻底消除了消费者对餐厅厨房不知情的不公平心理，消费者也可以放心地就餐。

在市场营销中，巧妙地运用这样的公平策略根本不需要额外的投入，像允许外带酒水、免收茶位费和开瓶费等举措，绝对会让消费者产生好感。而让残疾人做一些本该是健康人士做的事，我们的内心也会因不公平感觉而产生怜悯之心。所以，公平效应大有一股杀敌于无形或不战而屈人之兵的架势。

其实，只要我们稍加注意消费者在购物或者日常生活中的各种行为，并对此进行深入的分析与思考，就不难发现驾驭消费者的方法。利用人的内心渴望公平的愿望，巧妙地将营销策略“镶嵌”其中，确实能起到无形的作用。接下来我要给大家分享另一个招数，同样是聚焦于人的潜意识中的弱点，为营销提供帮助的有效策略。这就是第二式：习惯效应。

第二式
习惯效应

令消费者暗箭难防的营销战术

人的习惯是一种可怕的力量！曾经有很多专家指出，市场营销策略如果跟习惯过不去，或者想尝试用营销改变人的习惯，是一件绝对的费时费力、得不偿失的事。因为我们都知道，一个人的习惯一旦养成，是很难被改变的，事实上确实有不少企业努力想改变消费者的习惯，并促使消费者购买本企业产品，结果头撞南墙、损失惨重。这再次说明，妄想用营销策略去改变人的习惯，是一种徒劳的努力。但是，横向思维让我从更多的角度看待这个问题，如果我们不能改变消费者的习惯，那么能不能顺势而为，用一种方法来培养消费者的习惯，从而让消费者离不开我们的产品呢？这就是习惯效应要解决的难题。

习惯，一种可怕的力量

习惯，是指积久养成的生活方式。譬如抽烟就是一种习惯，在地铁上玩手机又是现代人的一种习惯等。习惯，也泛指一些地方的风俗、社会习俗和道德传统等通过实践或经验而适应于某种工作。

习惯也指每个人因性格不同而养成的行为处事的一种风格。有时候长期使用某种工具会形成一种习惯，如一个人经常使用微软视窗的操作系统，再让他转用苹果的操作系统会很不习惯，哪怕后者的使用效果可能更好。

习惯，往往使人恋旧而不愿意甚至拒绝接受新生事物。如习惯使用了按键手机的人不太愿意改换智能触屏手机，因为要纠正习惯需要耗费很多的精力。

有一位教授曾做过一个实验。他将一只跳蚤放进一个容器里，容器的高度刚好为跳蚤能够达到的位置。为了防止跳蚤从容器里跳出来，教授特地在上面放了一块玻璃隔着。第一天，跳蚤表现得十分活跃，它一次又一次地撞击着玻璃，大有不达目的不罢休之势。

可是，它的力量实在太单薄了，无论怎么努力，始终无法冲破玻璃的阻隔。尽管如此，跳蚤还是没有放弃，每隔一段时间，它又会发起一阵猛烈的攻击。

过了几天，教授再去观察，发现跳蚤上跳的频率明显减少了，它没有了先前的冲劲和锐气，变得有些懒惰和绝望了。又过了几天，教授再去观察，发现跳蚤几乎丧失了斗志，只是在容器底部跳来跳去……

就这样，过了几个月，教授惊奇地发现跳蚤已不再做任何努力，它终日得过且过地待在容器底部。随后，教授将容器上方的玻璃抽掉了，他满以为跳蚤会一下子蹦出来。但出乎意料的是，跳蚤丝毫没有这样的举动，它已经完全习惯了现在的生活。

紧接着，教授又将另一只跳蚤放进一个容器里，容器的高度略微超过跳蚤上跳的极限，上面没有再加盖子。经过一段时间的观察，教授发现，跳蚤每天都会习惯性地往上跳，虽然每次它都无法超越容器的高度，但它仍然乐此不疲，把这当作每天的必修课。

半年后的一天，奇迹发生了，跳蚤逃离了容器，重新获得了自由。见此，教授不禁发出一声感叹：“习惯的力量是多么的可怕呀！”

其实我们生活中充斥着各种各样的习惯。譬如习惯吃西餐的人，突然要他吃中餐，他会感觉不习惯。同样，一个习惯用右手握筷子吃饭的人，突然让他用左手夹菜，我相信对于他来说这是一个高难度的动作。

重庆人喜欢吃家乡的麻辣菜是一种习惯，这跟上海人喜欢在菜里加糖让菜微微有点甜一样，是一种日久养成的生活习惯。这样的习惯一旦养成就很难改变，要改变也需要很长时间的慢慢努力。

习惯，营销中的暗箭

俗话说，明枪易躲暗箭难防。广告促销属于明枪，习惯策略则属于暗箭，这也是我在营销中经常采用的一种营销战术。

在当今的产品营销中，利用消费者对某种产品的使用习惯诱使消费者进行尝试性体验，运用设定的使用期限，促使消费者在体验产品的过程中形成强大的依赖性。

西方有行为研究专家通过长时间的研究发现，普通人对一件日常用品形成依赖并最终养成习惯的时间是15天和30天。也就是说，当一件新的产品让消费者尝试性使用15天以后就会形成依赖；而一个月之后，会在人的心里形成“这个‘产品’就是‘我的’”这样一种思维习惯。

掌握了消费者使用某类产品的习惯养成时间，我就将原本需要花钱购买的电子锁改成免费试用一个月的推广策略，将价值8600元的电子锁产品无偿地送给消费者体验，是一个非常大胆的策略。

很多消费者当时不信任，一个劲地问我们，真的不需要钱吗？我们坚定地回答，真的可以免费试用一个月，如果一个月后您觉得不好，就可以无条件地退回给我们，而我们的工作人员也会帮助消费者完好无损地拆下我们的电子锁，装上消费者原来的锁具。

这个活动以一套DM宣传单告知了全体小区住户，这等于是向全体住户抛出了一个非常大的诱饵。与此同时，活动当天只要是这个小区的住户，只需要提供有效的身份证件，就可以获得免费使用智能防暴锁一个月的优惠体验，住户只要拨打宣传单上的电话号码，专业人员就会在半小时内免费上门安装。

这个极具诱惑力的免费活动，瞬间吸引了大批住户，他们纷纷打来电话，提出了希望体验智能防暴锁产品的申请。

一个月以后，我们按照原定计划上门免费拆锁时，住户们产生了以下几种想法：

（1）家人已经使用习惯了，再拆掉就麻烦了，不就是钱的问题吗；

（2）使用习惯形成后，他们认为这个东西是自己的了，不太愿意被拆走；

（3）要面子，有些安装了产品的住户，接待了不少亲朋好友，主人以时尚、品位自居和炫耀，此时被拆走觉得会被笑话。

这个小区的活动非常成功，虽然我无法得知究竟有多少人是因为使用习惯而购买了我们的产品，有多少人是真的因为这个产品的实用和安全而购买，但我相信，这种悄无声息的习惯策略肯定是其中最重要的一环。

就目前而言，空气净化器这种产品非常适合采用习惯策略，可以采取先试用后收钱的方式。因为，当一个人在卧室中连续使用一个月的空气净化器后，突然之间再拿走净化器，他呼吸时会产生一种习惯反差，甚至会因为没有了空气净化器总觉得房间的空气不清新、容易得病。这个时候，他的呼吸习惯或者心理习惯已经对空气净化器产品形成了一定程度的依赖。

其实，与电子锁同样的方法，我在好多年前就用过。当时我帮助广州一个家具代理商，采用这种习惯的培养方法销售了不少沙发产品。

那段时间，他代理的沙发销售受阻，虽然沙发的质量非常好，外表的款式颜色也很时尚，但品牌知名度不高。他觉得这么好的沙发销售这么差，肯定有其他的原因。我在询问了各个环节的问题之后发现，原来是由于他的家具店的地理位置不太好，再加上购买家具的消费者喜欢货比三家，喜欢去大的家具市场购买，所以他的店铺门可罗雀。

我根据他介绍的情况，帮助他设计了一个沙发销售的促销活动，活动的内容很简单，就是有奖免费体验沙发一个半月。也就是说，消费者可以将沙发免费搬回家，享受 45 天的舒服体验。沙发不需要押金，只需要身份证和签署体验协议即可。

随后，活动通过传单和定向短信，向店铺附近的小区住宅群发。结果，三天后陆陆续续地有消费者上门，询问免费有奖体验沙发是怎么回事。老板和店员根据事先编辑好的话术一一做了回答，打消了消费者的疑惑。消费者现场查验了各种款式的沙发，感觉真的不错，于是不少消费者签署了体验协议，我们也派车帮助消费者将沙发运回了家。

40 天之后，我们开始挨家挨户给协议消费者打电话询问沙发的使用情况，并提醒消费者还有一周就要到期结束了，到时候如果喜欢这个沙发，可以以优惠价销售给消费者，如果不需要则可以让家具店拉回去。消费者告诉我们体验后的效果，撰写 500 字以上短文的，奖励参与活动费 200 元整。

结果，我们拉出去的 100 多套沙发，消费者几乎全部支付了优惠价，仅有 3 个消费者感觉价格贵而退回店里。老板问我这个方法的原理，我告诉他，沙发是一种非常有依赖性的家具，平时喜欢半躺在沙发上看电视或者看书的人，一旦没有了沙发会非常不习惯，那种感觉就像是别人偷走了他家的沙发似的。这就是习惯的力量。

习惯：破坏消费者养成的习惯

还有一种利用习惯进行营销的策略是发现消费者有习惯而形成购买障碍时，专门设计策略对此进行破坏，瓦解消费者内心养成的习惯，促使他们产生新的需求。

德国公共交通公司曾经做过一个非常浪漫的广告活动，它的目标对象就是那些喜欢驾车出行和上下班的私家车主。

广告的主角是一个朝气蓬勃的男青年，他原来每天自己驾车去单位上班，后来发现每天自己驾车出行虽然方便了，但也因此缩小了自己的社交圈，身边的朋友一个个都有了女朋友，就他一个人形单影只。

一次，他的车出现故障，他只能步行。他在公交车站上了一辆公交大巴，发现公交车上有很多漂亮的女孩，车上的售票员也是一个异常美丽的女孩，尤其是她的一双大眼睛，紧紧地勾住了他的心，他深深地爱上了她。

从此，他干脆每天坐公交车出行，喜欢站在一旁默默地看着那个美丽的售票姑娘……据说，这个活动过后一个月，地铁和公交大巴上的乘客忽然多了起来。

通过上面的正反两种习惯策略，你领悟到了什么？战争并非都要使用飞机、大炮，市场营销并非都要投入广告促销，有时候通过思维的转变就可以创造更多有效的营销策略。

我就喜欢用这些匪夷所思的低成本营销怪招，来帮助企业客户省下大笔的广告费。通向罗马的道路千万条，何必一条道走到黑呢？

作为一个有创造力的营销人员，我们要进行反传统思考并研究消费者的某些隐藏习惯，然后有针对性地设计营销策略，如此市场效果必然喜人！

我相信，只要掌握横向思维，没有什么是我们所不能的！

习惯效应让我们懂得了，如何运用消费者在日常生活中养成的各种习惯来为我们的产品销售提供帮助，同时我们也可以通过培养消费者的习惯，甚至破坏消费者的习惯等方法来促进我们的产品销售。习惯效应的关键就在于快速发现消费者的习惯养成是否牢固？有无破解的可能性？怎么做才能培养消费者的使用习惯？只有掌握了上述几个要点，习惯效应才会产生强大的威力。

接下来要向大家介绍的战术是真相效应，这是一种非常强大的营销战术，使用得好则能起到真正的四两拨千斤的作用，而使用不好，则可能给自己带来伤害。所以我一直慎用这一招，除非有十足的把握，否则，请真的慎用这一招。究竟什么是真相效应，请继续阅读第三式。

第三式

真相效应

置敌于死地的凌厉杀招，太猛请慎用

由于信息的不对称、习惯性认知及人为因素等，我们的社会充斥着各种各样的假象和谎言，无论是政治、军事和教育，还是市场营销及日常生活，我们都会被一些假象蒙在鼓里。这些假象有些关系到国家命运、人生前途，有些则关系到企业和个人的利益。假象和谎言就像一层白布，覆盖了事物的本来面目。真相策略就是采取刻意曝光某些消费者不知道的实情，让消费者恍然大悟，了解企业和商品的某些真实信息，促使他们采取某些行动而使得策略企业获得市场利益的一种营销战术。真相策略运用适当，取得的市场效果是非常惊人的，同时对竞争对手来说，也是一种致命的打击。

真相，是指事物的本来面目和客观事实。由于人类社会某些利益的驱使，我们总是习惯于将真相隐瞒，而将事物的另一面呈现给大家。由于信息的不对称，整个社会就会相信——事情就是现在看到的样子。真相往往与欺骗和谎言交替出现，有真相自然就有谎言和假象。

我曾看过一部电影《铁面人》，讲的是十八世纪的法国，皇帝被人冒名顶替，真皇帝被关进了监狱。怕被别人认出来，所以真皇帝必须终身戴着一个铁面具。

古今中外，总会有许多事情的真相被各种各样的原因、各种各样的力量隐瞒着、掩盖着。总有一些人害怕真相被公之于众，想尽各种办法将真相“打入冷宫”，用假象糊弄公众和社会舆论。然而，纸终究包不住火，真相总是要顽强地表现自己，并最终亮相于世人面前。

真相是可怕的。凡是那些需要极力隐瞒的真相，都会牵涉某些人的利益，同时会损害另一些人的利益。它的存在对一些人而言是一种威胁、一个定时炸弹；但对另一些人来说则是一把钥匙、一种福音。

《铁面人》中，如果谁看到了真皇帝的那张脸，就要被砍头。因此，有人说真相是可怕的，也有人说真相是燃烧的。真相对于世人来说，自有一种震撼的力量、警醒的力量。

真相是顽强的。尽管开始时真相被某种力量压制着、掩盖着，有时甚至会扑朔迷离，但它总会通过各种渠道、各种机会顽强地表现自己。冒名顶替上大学之事被隐瞒五年之久，够长了，当事人可能觉得将会被永久隐瞒下去，殊不知百密一疏，总会有某个环节出差错。

寻找真相的程序一旦启动，就如同第一张多米诺骨牌倒下，接下来的事情就不以人的意志为转移了，按照其自有的轨迹运行，再难改变。真相对于想极力隐瞒它的人来说，就如同按在水中的皮球，这边按下去，那边又浮起来；而对于社会公众来说，则如同被乌云遮住的太阳，总会穿透迷雾，拨云见日。

真相是无敌的。真相面对的是公众和社会舆论，因此它无比强大。每一个社会公众都有权利了解真相，造假者、撒谎者则一定是害怕见光，不敢面对真相的。真相代表真理和正义，任何人都不敢公然同它对抗，即使是隐瞒真相的人，也要以真相捍卫者的姿态出现。

真相策略，是指营销策划者运用消费者对某一品牌的产品制作过程不甚了解而主动向其公开部分或全部过程的一种看上去非常客观、实际却别有用心的一种攻击策略。我非常喜欢用这些“杀敌于无形”的另类招数，尤其是面对强势的竞争对手时，真相策略特别过瘾。

巧用真相做营销

【门锁真相】在 2009 年策划智能防暴锁项目时，我就将开锁高手的开锁记录给予公布。我将从公安机关获得的窃贼开锁盗窃的真相告诉正在促销的目标社区，告诉大家，通常只要用钥匙开启的锁具，100% 都能被高明的窃贼技术开启。窃贼会采用牙签、石灰粒、口香糖、火柴梗、发卡、铁丝等物品打开锁具，不同的只是开锁的时间长短，快的是三秒，慢的也就是两三分钟而已。

你以为扭了几圈的三保险防盗锁就真的能阻挡窃贼进入你的家吗？你错了，在高明的窃贼眼里，你以为锁严实了的门锁，其实就跟没锁一样，如同在一个具有透视功能的人面前，你穿衣服和没穿衣服，根本没有什么不同。

这一招非同小可，把小区的居民吓到了，尤其是这样令人震惊的真相，每户人家都收到了。于是，大部分小区居民开始对没有钥匙孔的智能防暴锁产生了兴趣。

别说是小区居民，连我这个营销专家也是第一次真实地感知到，原来真有这样的开锁高手存在。我们觉得很安全牢固的防盗锁，在开锁专家手里就是几秒钟和几分钟的差别，没有什么锁是开不了的。要不是这次策划，我至今都不知道这个关于锁具的安全真相。

真相策略注意事项

真相策略是一种可以给竞争对手带来毁灭性打击的凌厉战术，运用得巧妙甚至可以给整个行业带来灾难性的破坏——催生行业洗牌，自身却晋升于行业的核心位置。这样的真相策略往往会聚焦于消费者的利益，因而会获得社会的支持和响应，尽管会因此得罪了同行。

2002年4月23日，A公司在宁波正式发布中国空调行业技术白皮书，向全社会公开一台1.5匹的冷暖空调不值4000元，卖1500元一台还有利润。

A公司的真相策略步骤是：一是猛揭行业技术“内幕真相”；二是制订优质空调新标准。这是一个谋划已久的策略，其目的是冲击冠军宝座。有一份数据显示，真相策略打响的当年，A公司的淡季出货量已经排到了整个空调行业的前三名！真相的“猛药”，激发了市场对A公司产品的追捧。

A公司的真相行为，确实让普通消费者对空调行业有了清醒的认知，原来空调行业是暴利。仅值1500元的空调，企业竟然可以卖到4000多元，这不是坑消费者吗？一台A公司空调的价格仅为一台其他品牌空调价格的三分之一，何乐而不为？

运用真相策略必须注意，不能公开他人的商业机密，也不能触及法律底线，焦点必须清晰——它将给消费者带来真正的利益，而更重要的是，必须给自身的市场带来积极的影响。否则，真相一旦公布，极有可能会两败俱伤！

真相策略还有一件必须注意的事情：这个真相对消费者来说是不是一直蒙在鼓里的？他们知道这个真相以后的反应会不会很强烈？对揭露真相的品牌产生负面影响多，还是支持得更多？这几个问题必须思考清楚，不能盲目地采用真相策略，因为我们最终的目的不仅要告知真相，还要让消费者拒绝竞争对手，选择我们的产品，这才是真相策略的真正用意。

如果说真相策略是利用向消费者和全社会公布某种不为人知的恐怖真相，以此来打压竞争对手甚至整个行业，同时快速提升自己的知名度的一个狠招，那么，接下来我们要读到的是一种相对隐蔽，也没有任何伤害因素的非常有趣的策略，即第四式：错误效应。究竟什么是错误？如何运用错误？请继续跟我阅读下去吧！

第四式

错误效应

引发消费者强大关注的另类战术

错误效应是一个非常另类的怪招。一个人处于正常思维状态时是很难故意去做一件看上去明显是错误的事，因为我们的大脑是逻辑模式，我们从小接受的教育都是做正确的事，我们怎么可以故意做错误的事情呢？正是我们的大脑有这样的思维模式，才导致消费者也是这么思考的，所以当错误发生了，就等于给了我们一次弥补的机会，而这个弥补错误的机会其实就是增强消费者与品牌关系和情感的一次机会。所以，错误效应在一般人的大脑里是不存在的，在我们的营销中也不会有人去这么设计，但我却喜欢这样的另类策略，因为我喜欢出奇制胜的成功快感。

所谓错误效应是指，在设计规范的营销策略时，尤其是在各种门店的日常经营中，以故意设计好的错误事件使消费者的购物过程产生意外和感恩情绪等特殊体验，并对门店产生好感，从而加深消费者对企业和品牌的美誉度，增加消费者的回头率和品牌推荐率。

可以肯定的是，这是营销中最叛逆最另类的怪招。因为所有人的思维模式都是逻辑模式，而这种叛逆另类的想法绝对不会诞生于逻辑思维中，只有具备横向思维创新能力的人，才会想出如此奇招。

在传统的逻辑思维中，我们做任何一件事都必须正确，不允许出现任何错误，譬如工人操作机械、医生施行手术、律师进行诉讼辩护和战士执行任务等，因为这些方面一旦出现错误，就会带来可怕的后果。工人操作机械出现错误，企业的生产就会受影响，产品中就会出现次品，严重的或许会出现生产安全事故。

医生给患者进行手术，牵涉患者的生命安全，所以手术过程中绝对不可以出现丝毫的差错。但还是能听到发生过不少医生出错的医疗事故，譬如纱布遗留在患者身体内的严重事故。这被称为“马大哈”治疗行为，绝对会受到严厉的谴责和处罚，尽管这种错误是偶然发生的。

律师在整个案子的辩护过程中必须一环扣一环，证据链条必须完整，出击对手必须“招招见血”或“一招致命”，如果出现一个差错，也许就会被对手抓住空子，使得案子遭遇失败。这跟军人执行战争任务不允许出现差错的性质是一样的，一旦出现差错，就会面临整个战役乃至战争的失败，这还不算，许多军队的士兵也许会因此而丧命。

但我知道，人类历史上很多的伟大发明创新，都是在偶然出现错误的情况下获得成功的，譬如发明青霉素的亚历山大·弗莱明、发现地心引力的英国科学家牛顿等。有些是因为实验过程中出现重大错误，反而催生了新事物的产生……但这种错误是可遇而不可求的，尤其是在逻辑模式中。由此可见，错误并非都是负面的。

在企业经营和市场营销中，我们同样坚守着逻辑思维，“不允许出错”的观念根深蒂固。因为大家都是受同一种逻辑思维教育成长的，所以，每个人的思维模式都是一致的，我们都在遵循规则做事。譬如在市场营销中，我们要给消费者准确的信息，为消费者提供规范的服务，这是大家都知道的。

这种在逻辑上非常正确的事，在营销上未必就一定正确。我驾驭横向思维之后，我看问题的角度和思考问题的高度发生了巨大的变化，喜欢对一些看上去不容置疑的“理所当然”进行破解，我会从另一个角度重新审视它，然后试图找到可以破局的地方。譬如营销过程中到底能不能出错？出现错误的后果会怎么样？有没有方法补救？可不可以是我们故意设计的错误，然后再积极弥补，从而给消费者内心添加一种叫“感恩”的心态呢？这样做会给消费者带来什么样的体验呢？

2005 年，我在给 × × 地板全国专卖店店长的培训中，向参加特训的 500 多位金牌店长传授我的横向思维创新营销思想，并首次在终端门店的服务中设计故意出错的服务程序，以增强消费者对 × × 品牌的特殊印象，同时加强消费者对 × × 品牌的情感，这在当时引起了大家的争议，因为这个策略太另类了。

当时我的思考焦点是这样的：地板属于建材类耐用消费品，一个消费者来店里消费一次之后，有可能会在长达 10 年之久后再次消费。再次消费是否继续购买 × × 地板，存在太多的未知变数。如何让消费者对 × × 地板产生永久的信任和情感，是我设计策略任务的核心思想。

错误，未必一定是负面的，也可以是美丽的错误。我就是要给消费者设计一种能产生美好体验和回味的美丽错误。当时，我就在课程中设计了消费者购买地板中的“错误策略——退还多收费用”，就是将店内明码标价中包含的优惠或者促销中的成本保留一部分，故意等到消费者将地板运回家，甚至在安装以后再将多收的费用专程送到消费者手中，并对消费者诚恳道歉。

我在课堂上说，消费者本来只是购买地板，购买完成以后就不会再来店里，尤其是安装好以后，也不会对这个品牌产生永久的好感。因为地板上没有品牌标志，购买过程也没有独特的体验，我们提供的各项服务，竞争品牌同样都能提供。

如果有一次故意的错误——消费者本来就不知情的优惠价值，我们通过特殊的方式补偿给他们，让他们对这笔钱感到是意外的收获，消费者是非常容易感动的。因为这个错误，消费者是不知情的，在消费者的心目中，你即使不给他们，他们也不会知道，可以不给的却给了，而且是送上门并附加道歉，这绝对会让消费者对我们的品牌产生不一般的好感。

2006年的某一天，我正好在河南郑州出差，接到一个湖南的××品牌店店长的电话，她说她使用了我的“错误策略”效果特别好，特意打电话感谢我。原来她选择了5个客户进行错误实验，结果有3个客户因为错误事件而跟她成了好朋友，并陆续向她介绍了12个客户，她的“错误故事”也引发了消费者对××品牌的好感，对她的人品和专卖店的经营也产生了极大的信任感。

她的错误是这样设计的：当时很多品牌的地板正在做促销活动，她算了一笔账之后，将这些促销成本巧妙地隐藏起来，然后以消费者难以觉察的“错误”方式，专程送回到他们手里，并顺便赠送了一本精美的××品牌手册。消费者意外地获得一笔“补偿款”，又看到她满头大汗、一脸诚恳的样子，内心只有敬佩，没有丝毫的怨气。

之后我在帮深圳一家内衣品牌做策划时，也让店员故意采用错误的策略，譬如消费者明明购买的是C杯的内衣，店员包装的却是B杯的，消费者丝毫没有察觉地离开了。而我们派出的店员却悄悄地尾随在后面，一直跟踪到稍远一点的其他店铺，然后才打电话让另一个店员跑步过来，将正确的内衣送还给消费者，并非常诚恳的道歉，顺便送上一个公仔礼品，作为对此次错误的补偿。

其实消费者还没有拆开新买的内衣，离开店铺也不到半个小时，这时看到店员满头大汗地站在她面前又诚恳地道歉，又换回正确的产品，既意外又诧异地问：“你怎么知道我在这里的呀？”店员就说出专门编辑好的话术：“我已经在整个商场楼上楼下找了好多遍了，一直到这里才发现您，对不起啊……”面对这样的场景，这样可爱的店员，消费者不感动才怪。

错误策略的好处很明显，消费者原本买一件商品，顺理成章没有任何的意外，也就不会对本店产品产生什么特别的感觉和印象，但经过这么一次“错误”引发的体验，消费者却对店铺和品牌感性起来，并留下深刻的印象。他们还会将这个故事告诉闺蜜们，当然，如果吸引她们多多光临，或者引荐更多的朋友光顾，那就是最完美的营销结果了。

在我的餐饮策划中，更是将这种张冠李戴的错误发挥到极致。2003

年，广州一个做餐饮的老板找到我，要我帮他的一家广式酒楼做一个策划案。我提供了全套的营销策略，酒楼开业获得了很大的成功。之后，我因为经常去这家酒楼吃饭，所以就在酒楼里尝试了一种另类的“错误”服务。

其实，我们在就餐的时候经常会发生服务员将菜品送错桌位的错误，通常是客气道歉了事。而我的设计却恰恰相反，故意将菜品送错桌子，甚至计算账单的时候也故意出错。很多人会说这怎么可以？这样的错误不会给消费者造成负面影响吗？绝对不会！

譬如菜品送错，错误本身就是错误，但是，我的目的是借错误的发生来给消费者一个惊喜：送错了菜，这个菜就免费赠送给消费者。消费者就获得了意外的惊喜。而另一个出错的桌子，除了将错送别桌的菜重做一份送过来之外，还将会因为我们的错误而得到一个新菜品的免费品尝待遇，并接受我们非常诚恳的道歉。大家想一想，这两个涉及错误事件的消费者会恨我们吗？非但不受任何影响，反而会加深对酒楼的好感，甚至会将这个错误事件当作话题传播给他人。

而结账时发生的错误也是如此。譬如，明明是380元，我们却故意算错，多收了消费者20元或者30元。精明的消费者一算，发现我们算错了，就会跟我们急，而我们的应对是，立马改正并向消费者道歉，同时赠送给消费者多收费用两倍的优惠代价券，如果是多收30元，消费者就会因此获得60元的代价券，依次类推。

如果消费者没有及时发现错误，我们也不会真的多收，而是当消费者快要走出餐厅的时候，服务员就追上去，真诚道歉之后，把多收的钱退还给消费者，同时赠送因为错误而给予的补偿奖励的代价券。原本离去的消费者内心立刻被我们的“错误”服务点燃，一定会再次光临的，我保证！

故意出错策略需要严密的设计，而不是随意作为，包括执行的过程，与消费者之间的对话和寻找消费者的方法等，每一环都必须预先做好可能性的设计。尽管我们做的是“错误”，但执行过程中却出不得一丝的差错，只有执行完美，才能给消费者留下深刻的印象，对门店的销售起到促进作用。

错误策略适合所有商品的营销，就看你如何设计了。记住一点：不能放过每一个消费者，要让他们对我们的品牌和店铺产生意外体验，就必须依靠我们的智慧。因为错误的发生，才使我们有了给消费者提供更多服务的机会，同时也让消费者加深了对品牌的印象。

错误效应是一种充分运用自身故意制造的“失误”来赢得给消费者服务的机会，甚至因为过错而使得消费者对本次服务留下深刻印象。下面要讲的战术则是与错误效应异曲同工却又完全不同的招数，而且这个招数的力量远远强于错误效应，这就是第五式：身份效应。

第五式

身份效应

由消费者自动对位的刚需战术

身份，是一个人精神需求的典型特征。每一个人在不同的领域和环境中，都有不同的身份。譬如在家里，也许你是一个母亲的儿子，或者儿子的父亲；而在单位，你可能是一个能干的主管或者是企业老板。无论什么身份，总有一种是我们特别希望展示给别人看的，因为这个身份会让我们脱颖而出，令人刮目相看甚至是得到尊重，因而消费者购物并不仅仅是单纯的喜欢产品，而是因为你的产品和品牌帮助他们体现了自己与他人不同的身份。我相信大多数人都能明白身份效应，因为我们确实深陷其中，稍微不同的是，我们都在寻找能够代表自己独特身份的独特品牌。

身份效应，是指针对企业的产品和品牌，在设计营销策略时，充分考虑目标人群的特殊身份和他们对自己身份的标签需求，通过精心设计，使得消费者认为，这个产品或品牌是最能代表自己身份和地位的标签，从而形成购买习惯。

从营销学角度来说，有时候消费者之所以喜欢你们公司的产品，是因为你们公司的产品使他们觉得自己尊贵，同时也在他人面前尽显了自己的身份。其实，很多产品会在不自觉中具有这种功能，譬如苹果手机就会让使用者感觉自己很前卫、很酷；而苹果电脑更能彰显使用者的身份——另类的设计师和自信的企业管理人员。

人靠衣裳马靠鞍。不仅仅是衣着，所有外部可见的标记都会赋予人以特征：劳力士手表、阿玛尼西服、奔驰房车、史普林格皮鞋、POLO 衬衫或者古巴雪茄等，都是身份的象征。

每件物品和每个品牌产品的性格魅力可以达到非常强烈的程度。它们可以在一瞬间塑造一个人的气质、身份和个性等方面的完整形象。

外表有时甚至可以决定人的社会成就，在朋友圈子中、在职场上、在社会上均是如此。有些品牌赋予目标消费者的恰恰是他们最渴望得到的那个特点，因而销路极好，譬如哈雷摩托，就代表了某一类人的身份而供不应求，企业甚至故意不大量投放市场，形成一定的求大于供状况。

开宝马，坐奔驰，野性就玩路虎……不同的人有不同的身份标签需求。2015 年下半年，就在我的微信平台上发布了一篇探索性文章：为什么这么多牙膏品牌，其产品都集中在功能性诉求呢？为什么就不能针对青年人群，譬如“80 后”“90 后”乃至“00 后”，打造一款能够彰显其身份，显示青年一族最独特的最酷劲的性格产品呢？如果有这样的产品，我就可以向青年人提出这样一个理念——我坚决不用爸爸、妈妈使用过的品牌，以彰显独特的青年人的性格和身份。

高端矿泉水行业同样存在身份营销的可能性。当我们的社会产生了一大批资产自由、追求高品质生活的人时，这种彰显使用者身份的需求就会越来越大，谁都想让别人知道自己的高品质生活层次。但为什么中国的矿泉水行业至今都未能诞生一款能彰显消费者身份，可以拿在手里炫耀的高端价值产品呢？

我们都知道，手提普拉达和 LV 包的女子，她们使用的产品，已经彰显了她们的身份。如果你不是富豪，仅仅是上班一族，就趁早死了这份心吧，因为她们绝对不是你的菜。

我在《魔鬼营销人》里写过这样一个故事。20世纪90年代，上海大厦（百老汇）地下室有一个外国人开的酒吧，这是一个非常安静的酒吧，酒吧里只卖酒、饮料和咖啡。当时，能去这样的酒吧绝对是一种品位和上档次的表现。

有一次，我陪广东的一个企业老板来上海和一个经销商客户洽谈。这个经销商是由负责华东地区的一个大区经理努力了半年多才成功说服合作的，经销商的地位在华东地区也是举足轻重的。除了我这个营销总监必须亲自来与客户拍板外，老板也亲自出马，专程与我一起来上海面见经销商，并签署合同。

上午谈得很愉快，双方在经销政策方面做了一些备案，随后就到了吃午饭的时候。经销商安排我们在外白渡桥的海霸金阁大酒楼吃饭，除了我们企业方的三个人以外，经销商方面有他的弟弟和小舅子作陪。

中午饭吃得挺顺利，上海人也不怎么劝酒。饭后那个经销商就带我们去了一个外国人经营的酒吧，说是领略一下上海的时尚。我虽然是上海人，在上海也生活了二三十年，但确实不知道这座大厦底下还有这么一家时尚酒吧。

酒吧里的装饰很典雅，地板是一种厚厚的磨砂玻璃，但能从底下透出蓝色的光芒来。背景音乐是舒缓的美国乡村音乐，酒吧里的客人不多，三三两两的外国人零星地坐在偌大的大厅里，喝着威士忌和白兰地。我们六人刚坐进一个面对面的包厢里，帅气的服务生就上来帮我们在桌子上点了一支蜡烛，并递上酒水牌。

我们刚坐下，就发现前面不远处有一个金发碧眼，穿着超短裙的外国姑娘，在向客人兜售雪茄。我因为英语不太好，加上老板在旁边，就没有作声。倒是对面的经销商徐老板，看到那个外国姑娘之后，就向她招了一下手，那个姑娘立刻就面带笑容地走了过来。徐老板还没开口说话，这个穿着性感的洋姑娘就突然扑通一声双膝跪地，还没等我们反应过来，她就快速打开了她胸前的烟木盒，随即好听的普通话就脱口而出："六位先生好!"

没想到金发碧眼的姑娘能说出一口流利的普通话。

“这是 Alsig 雪茄，烟味醇厚过瘾。在我们古巴，是下等渔民和贩夫走卒抽的，每支售价 180 元。”她纤细的手指指着木盒里的第一排雪茄格说。

“这是 Hogbe 雪茄，烟味清淡，香气浓郁。在我们古巴，是公司老总和政府官员们抽的，每支售价 388 元。”她的手继续往第三排雪茄移动……

“这是 Basha 雪茄，用金箔包裹的超醇淡雅味。在我们古巴，是王公贵族们抽的，每支售价 688 元。”

她停顿了一下，微笑着，目光从我们六个男人的脸上缓缓扫过。“请问六位先生，你们选哪一种牌子呢?”

我刚想说什么，徐老板就从身边的那个小包里抽出 25 张百元大钞，递给了这个鬼知道是不是真的来自古巴的姑娘，买下了中间那个牌子，每支 388 元的雪茄。因为谁都知道，我们不愿意做贩夫走卒和下等渔民，再怎么着也是一个老板吧。

这就是她的身份营销策略，因为按照三种雪茄的身份和价格定位，你最差也得买下一支贩夫走卒抽的，但男人通常不会在女人面前掉价，能进入这里消费的男人，都不会自甘沦为下等渔民和贩夫走卒。所以，为了男人的尊严和面子，大部分男人会选择第二种雪茄，价格不上不下。面子保住了，这样一来，我们六个人不知不觉就走进了她预先设计好的销售陷阱里，2000 多元转眼就没了……

同样，我在策划一款德国啤酒的时候，因为啤酒口感比较苦涩，一般人不习惯喝，所以我干脆直接将其定位为成功人士专属的啤酒。在各种销售终端，“成功人士专属口味”的诉求概念到处都是，导致一些尚未进入这一社会阶层的青年人跃跃欲试：我喝了这种啤酒，不就是成功人士了吗？于是销量大增。

当年我经常告诫企业家和营销同行，“80 后”“90 后”，乃至未来的“00 后”，这群人当前的身份非常尴尬：一方面他们在父母眼里是尚未长大的小孩子，而在单位又是缺乏经验的菜鸟，在社会上又是消费力有限的普通人，而在男女朋友面前又是不靠谱的成长型对象。所以，这群青年人士迫切需要企业为他们创造一种能体现自己与众不同身份的品牌和产品，以淡化他们在社会中那些不利于自己的烙印。身份效应绝对可以打造出一个让他们尖叫的震撼性品牌来。

亲爱的营销同仁们，好好打量一下自己的产品和品牌，从产品包装风格、品牌名称、品牌主张到品牌诉求和传播方式，看看有没有与最终的目标人群的身份相吻合的？如果有，那么这个品牌绝对会因为获得消费者的共鸣而畅销；如果没有，那么如何修正错误的营销策略，就不用我再来教你了吧！

身份效应是通过对消费者精神需求的把握，将品牌和产品上升到能体现消费者渴望彰显一种身份的位置，从而让消费者疯狂抢购你的产品。下面要说的一个战术则是一个相当隐形，却又能对竞争同行产生影响的营销小战术。说它小是因为它有时候就是那么不起眼，但它产生的力量非常强大，这就是第六式：鱼钩效应。

第六式

鱼钩效应

钩住消费者，绞杀对手的营销狠招

鱼钩效应诞生于我们购物时货比三家的习惯。当消费者无从感知究竟哪一家的产品质量更好，或者更符合自己的选择的时候，我们就需要通过货比三家的方法做出判断，也就是购物时需要一定数量的参照物进行比对，才能最终做出自己的购买决策。虽然是因为企业在品牌塑造上缺乏足够的能量预先就在消费者的大脑中植入这种购买决策，但从另一方面讲，消费者也是因为怕信息不对称而造成购物失败，以及由此带来的麻烦。作为企业，先天性条件已无法弥补了，那么，我们如何保证来过店铺的消费者，在货比三家之后还能返回到我们店里来，继续购买我们的产品呢？这个思考就是诞生鱼钩效应的契机，鱼钩之所以能钓到鱼，是因为鱼钩的设计中有倒钩，正是这个倒钩紧紧地钩住了鱼，那么营销中的倒钩是怎么做的呢？

鱼钩是一种钓鱼工具，钓鱼者会在鱼钩上设置鱼饵，然后抛入水中，等鱼上钩。鱼咬钩以后，无论它游多远，都会被钓鱼者的渔线牢牢地掌控着，等到鱼挣扎得疲惫无力了，钓鱼者就会收线，取下鱼钩上的鱼。

鱼钩效应，是指企业在面对喜欢货比三家的消费者时，巧妙地运用一些竞争对手所不具备的优势，设计一些能让消费者简单识别产品质量的小窍门，从而像鱼钩一样，勾起消费者购买欲望的一种另类怪招。

耐用消费品如家具、卫浴、电器等，消费者通常在对各个品牌了解不多的前提下，会不自觉地货比三家，最终会在品牌、价格、外观及服务员的态度等方面进行权衡，从而选择自己认为正确的产品下单购买。

譬如卫浴、家具和建材等耐用消费品，其品牌专卖店都被归拢在一个大卖场中，从表面上看是为消费者的一站式购物提供便利，但是也给产品选择带来了麻烦。因为品牌专卖店太多了，从产品外观已经很难分辨清究竟哪家的产品更好。

消费者在偌大的市场里东看西瞧，他们抱着多走几家看看、比较的心态，进行着传统的货比三家的购买行为。尽管看上去如此，但消费者购物时凭直觉做决策的情况还是蛮多的，这个直觉有时候就可以被厂商所驾驭。

横向思考：如何让消费者对专卖店产品留下深刻印象，然后，任你走访多少家同类产品的专卖店，最终都会返回到我们的店铺中来，并最终买下我们的产品。这看上去是一个有点困难的愿望。

有两个方法可以解决这个问题：一是快速挖掘自己产品中的优点，这个优点通常都是竞争同行所不具备的。譬如某冰箱的门是所有冰箱产品中最严密的，因为你即使在门缝中插入一张A4纸，关上门之后也无法抽出来，除非撕碎它。

二是如果实在找不到非常明显的优点，不如把焦点集中在同行竞争对手的常规策略上，善于发现对手的弱点和漏洞，然后设计针对性的策略去侧面攻击。譬如故意设计一些看上去非常公正的语言和动作，然后建议消费者采用这样的语言和动作去对手的店检验，从而引发消费者与对手店内营业人员的冲突，达到破坏消费者在该店顺利购物的欲望。

虽然这样的招数看上去有点像损招，但是，商场的游戏规则历来是“胜者为王，败者为寇”。如果你要讲究礼貌、讲究文明，我劝你干脆不要进入商业，因为商场就是战场，即使你不打对手，对手也不会对你客气，真正的竞争结果：胜利就是一切！

十年前，我与终端培训专家张小虎老师一起，为国内一家卫浴专卖店设计了“销售鱼钩”，通过这种暗藏的“鱼钩”，企业各专卖店的销售业绩立刻飙升，远远超越了同行品牌。我们的“鱼钩”就设计在如何让消费者识别卫浴产品的质量上。

譬如，一男性消费者走进我们的陶瓷卫浴品牌专卖店，他一开始会东看西看，并认真地转一圈，我们的营业员既没有主动上去说“欢迎光临”，也没有给消费者递茶倒水，因为我们在等待机会。这个机会就是消费者看完了即将离开店铺的那一瞬间。

那么怎么发现消费者要离店了呢？告诉你一个诀窍：当消费者想离店的时候，他的视线会本能地往远处扫描。你关注过电影结尾吗？通常一部电影快要结束时，如果你稍微了解一些镜头语言，你就会发现，当摄影师将镜头摇远，或者拉高的时候，说明电影快结束了。

发现消费者的视线抬高的时候，我们的营业员才走上去打招呼：

营业员：先生，刚才发现你看我们的陶瓷产品时的目光很专业，你是帮人选购还是自己家里购买呢？

顾　客：哦，不是，我不太懂，我是自己买，先看看……

营业员：哦，选购这类陶瓷卫浴产品是比较讲究的，一般人其实很难辨别产品的好坏……如果不介意，我愿意教您一些简单的甄别方法，这样你去别家看的时候不至于被忽悠。

顾　客：好啊！（消费者的心里开始产生兴趣和好感。）

营业员：这陶瓷产品一是看表面，检查瓷面是不是光滑。（示意消费者用手背摩擦几下瓷面。）这样就能感受到瓷面的光滑与否，或者有没有凹坑。

（这里我要补充一下，手背比手心要光滑很多，因为手心有掌纹，但我们却拿消费者的手背去抚摸产品，其中的道理是：因为消费者的很多动作都是下意识的，当他想用这种方法去检验产品的时候，往往会习惯性地使用手掌而不会使用手背，而手掌的抚摸效果不会太好。)

二是听声音，声音越清脆瓷质就越好，如果发现声音沉闷，说明这个产品的陶瓷质量有问题（随后从口袋拿出一个自制的微型铁锤，选择一个圆形的洗脸盆，故意重重地敲了几下，让消费者注意听)。

消费者虽然用手摸了也认真听了，但他最多是似懂非懂，也可能不以为然。但是，我们随意的一个举动就会把这一概念巧妙地装入消费者的潜意识思维里，它像一个有“倒钩”的“鱼钩”，会使消费者产生返回的念头。

因为消费者可能会货比三家，当他走进另一家卫浴专卖店时，就会不自觉地采用我们教给他的方法。他会用手摸，但会习惯性地用手心去摸，手心有掌纹，感触自然不会那么光滑。其次，他也会敲，但因为没有特制的铁锤，会下意识地用手里的车钥匙、手机或者打火机等硬物敲击陶瓷产品。这一敲不光声音不好听，还会把营业员惹急了：“先生，请不要乱敲，这个陶瓷很脆的，你这样敲容易坏……”

这样一来就会产生鱼钩效应，因为消费者立刻就不舒服了：“刚才那家店就让我敲，你这边却不让我敲，肯定质量不咋地，不敲就不敲！”心里一气，买的兴趣也就没了……如此几个店一逛，都不让他敲，你想，这个消费者如果真的要买陶瓷产品会选择哪一家店呢？

后来我们把同样的方法运用到一个手机品牌的终端促销上，同样取得了预期的效果，使消费者放弃了对手产品而返回选择本品牌产品。

好多年前的手机销售基本上都是先看模型，消费者决定购买了，付了钱之后才会把真的新机拿出来，拆开包装给消费者示范操作。国内某品牌的某款手机卖点是在阳光直射之下依然能看清屏幕上的字，为了现场演示效果，干脆取消模型直接用真机操作，允许消费者把新手机拿到店外在阳光下检验。

一开始消费者还感到意外——“真的可以拿到外面看？不怕我拿了手

机逃跑?"消费者有点不相信，但店员的回答让消费者打消了疑虑，消费者不知道，其实店家早就在商店周围安排了暗哨，拿着手机逃跑几乎是不可能的。

结果，看到真机演示效果后的消费者，到其他品牌手机那里也会问有没有在阳光下能看清屏幕的手机？如果有，他会要求拿真机去阳光下看效果，但其他品牌根本不可能让消费者把新的真机拿出店外，结果自然不言而喻了。

这个策略的真正意义在于，我们在讨好消费者的同时，也在消费者的心里下了一个钩子。这还不算，这个小策略甚至还能促使更多的消费者对竞争对手的产品和服务产生严重的不满，而这个意义或者说影响力会更大。我们不光要多销售自己的产品，还要尽量压制竞争对手的产品销售，这就是一箭双雕。

鱼钩效应，看上去与锚定效应有点相似，因为消费者对一些陌生产品的判断缺乏衡量好坏的标准，聪明的厂家和商店会从这一细微角度入手来帮助消费者设立"标准"，有了"标准"，消费者就会放心地选择各类产品。

更重要的是，消费者会对提供"标准"帮助的店家和厂家产生信任和好感。所以，当价格差异不太大的情况下，消费者很容易考虑信任度和好感，返回来选择你的产品。

2000年，某冰箱的一个业务员为突破广东市场的一个超大经销商客户，专门从冰箱产品中找到一个衡量冰箱质量好坏的细节标准，那就是冰箱的门。这个姓何的经理经过测试发现，在某冰箱的门缝内夹入一张A4打印纸后无法抽出，而其他品牌的冰箱却能轻易地抽出来。这个经理把这一发现当成消费者评判冰箱质量的标准，并说服客户合作。

为此他设计了一个逻辑：冰箱的门如果不关好就会漏冷气，冷气不均衡或者泄漏就会影响冰箱内的食物，严重的就会影响压缩机的正常运作和使用寿命。所以，要想冰箱质量好，冰箱门是否密封是关键，美菱的冰箱门是密封的（因为夹入纸张无法抽动），而其他品牌的冰箱则不行。这一标准后来被经销商客户广泛运用于终端产品的推广并大获成功。

服装、化妆品、珠宝等一系列时尚产品，同样可以找到一些别人不具备或者比竞争对手先发现或挖掘的独有特点，然后将其设计成质量的衡量“标准”，悄悄教给消费者，这样既能赢得消费者的信任，又会悄悄地在消费者的潜意识思维里装入一个“鱼钩”，促使消费者在货比三家之后返回到你的柜台前，与你成交。

只要你冷静下来深入探索，就很容易找到一些与竞争对手产品相异的地方，把这些差异点精心设计一下，给消费者一个通俗易懂并且容易掌握和识别的“标准”，教会消费者按照这个“标准”去衡量竞争对手的产品。有时候设计得巧妙，会使消费者对你的产品产生好感，对竞争对手的产品产生厌恶情绪，这时候，你已经是一个不战而屈人之兵的商战高手了。

巧妙地运用或者驾驭消费者潜意识里的购物习惯，就能为自己的产品销售创造奇迹。要化解消费者进店时的敌意，麻痹他们的潜意识思维，激发他们真实的购物快感，并巧妙装置一些精心设计的“鱼钩”，你就不怕消费者离开了不回来，因为那个“钩子”在你手里。

不要再埋怨生意不好做，运用横向思维就能产生奇迹。赶快深入研究消费者的潜意识思维和购物习惯，然后仔细研究本产品与竞争对手产品在消费者购物时的微妙不同之处，针对性设计能弥补这一缺憾的鉴定“标准”，以此当作“鱼钩”来控制消费者的购买行为，你的销售业绩自然就会飙升。

鱼钩效应通常适合一些以门店销售为主的产品营销，而且是一些耐用消费品。相信大家读完之后也会在心里有自己的思考，究竟怎么样才能把这个招数运用好，不是随便一想就行。它是需要我们慢慢琢磨并进行周密设计的。接下来的战术则是运用常规的营销步骤进行逆反的怪招，这就是逆反效应。逆反效应如同我们的逆向思考，它与正常的思维和行为是相对的。请继续阅读营销怪招第七式：逆反效应。

第七式

逆反效应

消除消费者戒备，促使快速购买的营销战术

我们大脑里的思维，是严格按照传统的逻辑思维模式行事的。逻辑，就像两根轨道，使得我们的思考简单而高效，但也限定了我们的思维。譬如我们习惯于从起点出发走向终点的传统的垂直思维模式，我们分析或者判断某些观点的时候，也往往是站在自己的角度和立场思考。当所有人都这么思考的时候，会使很多难题难以解决，因为习惯性的思维会限制我们的创造力。有人能将传统的思维方式进行逆反，我们就会发现很多原来没有思考过的角落，也许正是这些被我们传统思维所遗忘的角落里，隐藏着很多新的解决难题的方法和更好的观点、建议，甚至是全新的商业机会。

逆反，是指将原来的事物和做法的顺序颠倒过来，就能产生各种意想不到的效果。譬如正常开一家餐馆，必须“要提供食物、要有菜谱或者收费”等，现在逆反过来就成了“不提供食物、没有菜谱和免费”，那么，这是什么样的餐厅呢？

不提供食物，但可以提供就餐的场景，食物由消费者自带；没有菜谱，则可以将做菜用的鱼、肉、蔬菜等主料、配料和佐料公布在餐厅门口，消费者可以凭借喜好，自己选择、搭配和组合，甚至自己选择颜色和可口的味道；而免费的是食物，但可以按就餐时间收费，或者特殊场景设计收费……一个另类的餐厅就诞生了。

在市场营销中，消费者通常都习惯性地遵循某种行为模式，这个模式还包括厂商自己遵循的行业规范，譬如门店的迎宾行为、店内的服务规范和售后服务等。

如果能有意识地将原本规范的顺序进行颠倒和逆反，也许就会出现意想不到的效果，譬如进酒楼吃饭通常都禁止食客自带酒水，逆反之后是鼓励消费者自带酒水。逆反，带来了无穷尽的商业机会，以及能够激发消费者的兴趣点。

假如我们精心设计的一些销售流程，其实并没有为我们的产品销售带来额外的业绩，我们何不对此进行深入的反思呢？人的思维可以逆反，人的情绪难道也可以逆反吗？

在所有门店的产品销售中，我们该如何掌握消费者的潜意识思维顺序，以逆反思维来引导消费者，甚至完全颠覆传统的销售步骤，设计一种令消费者都感到震惊的反流程呢？

大部分店家会把这个最可能与消费者成功进行心灵沟通的机会，当作可以向消费者疯狂推销的时机。所以，无论消费者试穿哪件衣服，店家都会寻找各种理由来证明，这件衣服穿在消费者身上非常合适。

虽然消费者当时头脑发热买下了这件其实并不喜欢的衣服，但事后就会发现，自己被店家忽悠了……

运用逻辑思维设计和判断事物是这个世界的主流，以至于一提到经商我们就会自然而然地运用大家习以为常或者说约定俗成的经营方式。譬如开一家门店，常规的方式也不过是门店的装修要符合品牌形象、门店商圈要好、商品摆放要好看、人员的言行要规范、服务的态度要好等。

这些想法其实大部分商家都能做到，为了从消费者的腰包获取利润，商家在绞尽脑汁地想办法，但由于整个经营思维依然停留在传统的逻辑思维上，导致很多观念无法突破。

那么正确的推荐应该怎么做呢？我们不妨逆反一下，与其充满功利性地疯狂推销，不如欲擒故纵。譬如消费者试穿某件确实不合适的衣服时，不如夸大这件衣服的不利点，甚至运用一些语言引导消费者的思维来反感这件衣服，最终的结果会怎么样呢？

一是消费者被你的真诚打动，觉得你是实实在在地为他着想；二是当你正式推荐你想让他购买的衣服时，成功率就会更高，因为消费者对你的信任度很高，甚至对价格也不太敏感。

消费者通过这次的购物体验，对你留下了非常深刻的印象，有可能形成口碑传播，吸引更多消费者来光顾。如果消费者旁边还有其他人陪同时，陪同他的人也会对你竖起大拇指，从而为下一次的购买埋下伏笔。

逆反效应可以运用在不同的场合和不同的市场营销中，如按照常规应该顺着某个方向说的意思，我们可以倒过来逆反着说。譬如介绍自己的产品时，不一定非要说自己产品的好，而是恰到好处地先说出自身产品的某些缺陷，让消费者心里有底，自己衡量该不该买，这样的逆反推荐法效果会更好。

在推荐润滑油产品时，我们就特意给代理商的营业员培训了一种逆反效应的推荐说辞。因为产品比较贵，所以，我们告诉营业员必须在第一时间向消费者说明，我们的产品在润滑油产品里是最贵的。

同时，告诉消费者便宜的产品是多少钱，两者相差多少。然后讲述用贵的油对车起到的保护作用如何，开车时的体验效果又是什么样的。这时候消费者往往会问为什么？

我们的话术：“因为这个产品的润滑油原油是顶级的，质量好，成本也就贵了。还是用普通的润滑油吧，可以节约点钱，现在赚钱也不容易呀。”

虽然营业员完全是好意，消费者心里也领情，但节省金钱相比男人的尊严，似乎后者更重要，这时候消费者内心的逆反效应就会被激发，果断买下营业员不让买的高价产品。

当消费者谈及竞争对手的品牌时，营业员往往会本能地以各种理由来诋毁竞争品牌达到保护自身品牌的目的，甚至有时候为了让消费者对本品牌产生好印象而乱说一通。

显然效果未必会好，因为消费者心理也会逆反，你越说别人不好，他们越不会买账，甚至会对你的品牌产生厌恶情绪。如何运用逆反效应改变消费者对竞争品牌的关注，同时又不影响对自身品牌的好感呢？

在为美的微波炉做终端培训时，我们就特别关注格兰仕的情况，我们让每一个终端导购员都了解格兰仕的产品和企业相关情况，有时甚至比格兰仕的导购员了解得更多。

譬如消费者很容易问出这样的问题：格兰仕的微波炉跟美的的微波炉哪个更好呢？如果你正面阐述美的的产品质量比格兰仕更好，那么消费者很容易反感，会随之提出第二个问题——格兰仕是全球微波炉的佼佼者，难道会比你们的产品质量差？

营业员就可以说："格兰仕是全球微波炉的佼佼者，品牌影响力和产品质量都很好，美的想在微波炉行业全面超越它是很困难的。为了在强者控制的市场上赢得消费者，我们只能花更多的成本，譬如用最好的金属板材、最好的内胆、最好的玻璃，以及最好的微波设备……但我们的价格依然跟格兰仕的一样，有些产品甚至比格兰仕还便宜。这就是残酷的市场竞争，当然我不敢说我们的产品一定比格兰仕的好，但美的追求产品质量赢得消费者内心的精神是社会普遍认可的……"这样的话语，通过一个普通的导购员说出来，再挑剔的消费者也会对她刮目相看，不会继续为难她。

我在策划酒楼时发现，大部分酒楼的营业员会热情主动地为刚落座的消费者推荐本店的"特色菜"，而所谓的"特色菜"大多是一些价格比较贵的菜，这对喜欢甩派头的客人来说倒是一件好事，但对于大多数普通客人来说，这样的推荐极易引起反感。

而去山东地区的一些餐馆里吃饭，南方来的消费者往往会按照自己的习惯点菜，但营业员会很厚道地告知："先生你点的菜太多了，你们三个人吃不完。"这样诚恳的语言加上纯厚的微笑，相信你会由衷地感到温馨。

餐厅里最能俘获人心的接待是反常规推荐，即不以多推荐高价菜为核心，而是站在消费者的立场为其推荐符合其口味和食量的菜肴，这看上去似乎没有完成酒楼老板的推荐任务，但消费者非常满意，由此带来的口碑效应比功利性强的硬推荐效果更好。

其他可以逆反常规的做法：

（1）装饰和摆饰逆反。把门店的装饰和摆饰进行另类的新奇设计，重新摆放，甚至为了吸引消费者而专门设计一些新鲜奇特的摆饰。消费者一进入门店就会有反应，因为你的门店效果给了他们不一样的感觉，当然设计时也不能一味追求另类而令消费者反感。

（2）接待语言逆反。常规的接待语言已经无法引起消费者的注意，能否按照产品和门店的特点，故意设计一些反常规的接待语言。如把“欢迎光临”改为“您来啦”，消费者肯定会诧异，以为你认识他，如果她真的问“你认识我”，那么你就可以接下话头“呵呵，我见过您几次来这里逛街……”

（3）推荐产品逆反。先强调消费者可能不太在意的产品缺点，或者将优点用缺点的方式说出来。譬如“这个产品的设计有点过时了，但它的质量却是没得说的……”或者“这个产品其实一点也不好，但不知道为什么，很多消费者就喜欢它这个样子……”

（4）正面表扬竞争产品。当消费者询问竞争对手的产品时，不妨正面表扬一些无关痛痒的地方，然后针对性的与自己的产品进行比较，不动声色地让消费者选择自己的产品。要做到这样，你必须对竞争对手的产品和企业了解更多。

（5）帮助消费者省钱。在餐厅或者各类门店销售中，故意站在消费者的立场，给消费者算账，帮助他省钱，博取消费者对你的信任。譬如消费者很想买某件长袖的衣服，你可以告诉他，现在不如买短袖的，因为长袖的穿不了几天了，如果真的喜欢这件长袖，不如过两天来买，或许会打折……

在设计营销策略的时候，我们也应该进行逆反。通常我们在产品营销思考的时候，总是觉得自己的产品很好，能够给消费者带来很多好处，如生活的便利、身体的健康等。这是大多数企业的营销做法。如果逆反我们就会这样思考：你不买我们的产品会失去什么？我们的营销策略有可能比正面推广的策略的效果更好。

我在推广智能防爆锁的时候就运用了这样的逆反效应，本来买一把特别安全的智能防爆锁，就能给家里带来安全并由此带来美满幸福。但是，这样的策略往往不被消费者重视，所以我干脆倒过来做，不再宣传这把锁的好处，而是把诉求点聚焦到如果不装这样的锁，家庭会遭遇什么。

这样一来，消费者不再坚持了，纷纷成为我们的客户。

当然，可以逆反的地方很多，但必须根据自己的产品特色专门设计，同时必须把握好一个度。如果逆反的效果不好，说明你过分追求逆反的形式了。逆反是因为顺势的营销步骤已经无法激发消费者的新鲜感和刺激感了，所以，设计逆反营销时必须遵守消费者基本的购物潜意识思维的常规路径。

逆反效应运用的是我们逻辑思维里的思维惯性。企业或者营销策略设计者只要稍微颠倒一下思维顺序，将营销策略进行逆反，就会产生令人意外的效果。因为效果非常明显，这种策略已经有人在不自觉地使用了。接下来我要分享的一种营销战术更让人匪夷所思，因为这种招数的影响力强大到消费者几乎毫无察觉，但它却在真实地产生作用，这就是营销怪招第八式：锚定效应。

第八式

锚定效应

暗诱消费者产生消费冲动的营销杀招

如果我们稍微了解一些人类正在使用的逻辑思维特征，就不难发现思维中存在的优点和弱点。传统逻辑思维最大的特征是主要用来分析和判断，因为我们每天要面对许许多多的事物，有新的也有旧的，需要快速对它们做出判断，它们属于什么性质和类别，好准确应对。我们知道，分析是需要数据支持的，也就是说，需要一定量次的证据来对此做出证明。因此，消费者在购物的时候也需要对商品进行判断，如果不能提供支持某个商品价值的依据，消费者就无法做出准确的判断，如该商品究竟值多少钱？该不该买？本篇要阐述的“锚定”，其实就是一种能为消费者提供判断依据的营销策略。

锚定效应是指，消费者在购买一个全新的商品时，因为对该商品的认知信息不足，所以需要有一个参照来配合认定，这个认定就是对某个商品的最终确认。通俗点儿说，一个商品的效用价值需要旁边另一个同类产品衬托，才能清晰地被消费者所认定。

营销策略中所阐述的锚定效应，就是要在消费者的购物思维中装入某个产品的价值标准，使其能辨别出此产品与彼产品之间的价值差异，最终帮助其做出购买决策。因为都是逻辑思维，习惯分析和判断，而分析和判断就需要依据，这个依据有时候是经验，有时候是其他商品，或者是厂商人为的暗示。

在购物时，消费者需要有一个合理的价值标准。所谓合理，是指这个价格是公平的。但是，消费者往往会受多件商品的价格影响来判断即将购买的产品价格是否公平，这个自我设计标准的过程就是消费行为学中的锚定原理。

16年前，西北某小家电经销商，在自己的超市中放了一台售价480元的豆浆机，这台在当时颇为时尚的豆浆机，孤零零地摆在货架上一直无人问津。我在跟老板的闲聊中知道，这是他从上级代理商那里进的一批货，一共有几百台，全部在仓库里积压着。老板问我该怎么办?

我思考了一下说可能有两个原因，一是这东西还没养成习惯，毕竟原来我们一直是购买豆浆直接饮用的，现在要自己买黄豆、买机器、用自己劳动来磨豆浆，本身就是一个观念的改变。二是因为你的产品太单一，而且价格不明确……我话没说完，老板就急了，怎么不明确？不是写的很清楚，是480元一台吗？我解释，不是你这里的价格不明确，而是这个产品在消费者心里的价格不明确。

老板犯糊涂了，怎么叫消费者心里的价格不明确呢？我说，消费者只看到你这款豆浆机产品，他内心尚不明确，这么一个小东西真的需要480元吗?

那怎么办呢？老板着急了。我说，你向代理商再要一款与这个产品不同款式的产品，哪怕颜色不同，或者大小不同都可以。

老板当天就从代理商那里要来了两台豆浆机，外形比较豪华，比现在店里的那台看上去高级得多，但售价520元。然后我让老板把这款看上去高级一点的豆浆机挂上980元/台的价格标签，放在480元的豆浆机旁边。

老板一听就叫起来了，480元的都没人要，980元卖给谁去！老板的头摇得像“拨浪鼓”。我耐心地劝他照我的意思做，同时还强调，你不这样做也没有更好的方法。老板无奈，只好照我的意思做。之后，我也离开那个地方回上海了，工作一忙也就把这件事给忘记了。

一个月后，这个老板打电话问我，豆浆机究竟是怎么回事？我说什么怎么回事啊？他说两台 980 元的豆浆机根本卖不掉，一直放在柜台上，但 480 元的那一批产品全卖出去了。后来老板又进了一批货，很快就又卖掉了，现在豆浆机很好销了……我听完哈哈大笑起来了，心里也确实很有成就感。

我对老板说，原来你的产品价格缺乏衡量的标准。孤零零的 480 元，消费者没有任何的价格参照，他们不知道 480 元一台豆浆机是贵了还是便宜了，后来有了 980 元一台的产品之后，消费者心里的评判标准立刻诞生了，他们的思维过程大致如下：哇，豆浆机怎么还有这么贵的？如果买一台尝试一下，不如买 480 元的，不是一样磨豆浆吗？干吗要花那么多钱？

人类在判断某一事物的时候，最难做出判断的就是对单独的一个物品。譬如，考古学家需要针对多件同时代的器具化石进行佐证，同样一个论点也需要多个论据做支撑，不然就感觉依据不足，很难说明问题。

反映在价格上也是这样，如果你是第一次见到手提电话，售价 8000 元，你无法判断 8000 元价格是高了还是低了，这时你特别希望有一种依据能支持你。如果我要你认为它价格便宜而买下它，那么我可能会在这个手机的旁边再摆放一款 15000 元的手机。你的思维立刻清晰了：8000 元的还是便宜的，竟然还有 15000 元的，差不多可以买两个了。

所以，消费者评判一个产品的价格是否合理，除了产品本身的制造价值和使用价值外，依附产品的“佐证”作用，往往能在消费者的潜意识思维中占据上风，从而促成消费者的购买行为。

2009 年公司核心业务都在长沙，我们的项目组成员经常会去公司后面的一条小吃街上的一家普通土菜馆吃饭，时间久了才发现，这家餐馆的菜其实不错，但生意就是不太好。

我在与老板娘的聊天中知道，这是老板娘刚盘下来没几个月的餐馆，餐馆没有包厢，只有大堂里 3 个 10 人座的圆桌，和 8 张面对面车厢式的 4

人座。我算了一下，即便是坐满，也就是七八十人就餐。但是，每次我们去吃饭，发现餐厅里总是三三两两的散客，无论是中餐还是晚餐，上座率几乎不到30%。

也许是职业原因一时技痒，我就思考着要不要帮她策划策划？但是也不能愣愣地主动献殷勤吧。一次与员工聚餐，大家喝得挺热闹的，一时也散不了席，而我又不喝酒，几口饭一吃就完了。瞅着空档，就与坐在旁边看电视的老板娘聊开了。

原来，这家餐馆是老板娘几个月前从一个欠自己几万元钱还不了的朋友手里转过来的。老板娘本来也很想弄个酒楼开开，正好这个朋友前两年炒股亏损严重而一时无力偿还借款，两人几次商量，就把这家餐馆作价10万元盘了下来。

老板娘的老公是公务员，家里也不缺钱，但因为自己文化程度不高，没有好的职业，就想开餐馆玩玩。一开始，就是很简单的开着玩，但是几乎每个月都入不敷出，她的兴趣大减。

我们因为离得近，所以经常光顾这里，倒也给处于困境中的老板娘带来了一丝生意希望，但是依然不是长久之计。聊得差不多了，我就对老板娘提了建议，我帮你简单策划一下，先做一个低成本的营销策划，如果不行，我再帮你做进一步的战略性策划。

老板娘不怎么懂战术战略，听说我的策划不需要投入太多，只需要修改一下餐厅的菜谱就能让营业额翻一番就有了兴趣。我知道老板娘一开始是不相信的，以为我是无话找话，借机跟她聊天而已。后来，我给了她一张自己的名片，她才知道原来我是营销策划专家。

我立即与餐厅的大厨商量了一下改换菜谱的事。大厨是一个湖南小伙子，文化水平不高，但菜做得不错。菜谱上的菜单都是他与老板娘一起拟定的。

菜谱的第二页上只有一款“毛氏红烧肉”，我跟厨师商量之后，决定推出三款不同口味的红烧肉。改变之后的新菜谱上有三款红烧肉，排名最上面的被我命名为“毛氏祖传秘制浓酱文火老干妈红烧肉（本餐厅第一功夫招牌菜)”，每盘售价 98 元；排名第二的红烧肉叫“毛氏香辣坛焖红烧肉”，每盘售价 48 元；排名第三的叫“毛氏家常红烧肉”，每盘售价 28 元。

后来在菜单每一页的头三个菜，都做成不同口味、不同价格的三种款式。我看差不多了，才让老板娘找广告设计公司去打印塑封。

餐馆的厨师和老板娘都不知道我是什么用意，因为他们谁都不懂什么叫价格锚定。但只有我清楚，我这是故意在给进入这家餐馆拿起菜谱点菜的消费者设置了一个锚，而且这个锚绝对会产生应有的作用。为了增加这家餐馆的客流量，我又帮助老板娘撰写了一个文案，印刷了 1000 份宣传单，分别往附近的写字楼和住宅区派送。

果然，在新菜谱启用一周后，该店在没有增加任何人力及推广成本仅有几百元的前提下，每天的营业额真的开始飙升，而且不止翻了一番。有一次，我们去吃饭竟然客满，需要等待，这究竟是什么原因呢？

原来，一盘简单的“毛氏红烧肉”缺乏令消费者联想的思维点，大凡到过湖南的人都知道，几乎每家湘菜馆里都会有这道菜，谁知道你的是正宗的？正宗不正宗不要紧，关键是消费者头脑里对红烧肉的思维联想不丰富，导致他对价格的衡量不会过高。

我将一盘红烧肉设计成“毛氏祖传秘制浓酱文火老干妈红烧肉（本餐厅第一功夫招牌菜)”这么长的菜名，而且菜名中添加了工艺、原料和引发味蕾效应的字词，促使消费者的心理也发生了变化。这个红烧肉没有吃过（这么命名的红烧肉你肯定没地方吃得到)，应该很好吃，但是价格要贵很多，所以，一般的消费者潜意识下的决策性思维如此诞生：要吃红烧肉，选 98 元的显然太贵，虽然这是餐厅的第一功夫菜，可能真的非常好吃，除非是宴请贵宾，而选 28 元的普通红烧肉太低档，不如选 48 元的品尝一下吧。

当然，消费者如果选择 98 元的，那么餐厅的利润会更高。事实上 98 元的红烧肉很快就成为该餐厅的头号招牌菜，吸引了更多的消费者前来品尝。因为一些人确实第一次看到这样的菜，感觉都流口水了，尝试一下吧！尤其是那些可以报销餐费的消费者，大多点最好的招牌菜吃。

另一个大胆的举动，更是令从业几十年的大厨师也颇感新鲜，就是我在菜名上的故意累赘。菜谱上的菜名，我大胆启用了诱惑消费者联想并对味蕾产生强烈欲望的实验，因为菜谱上的名字越长或者烹饪作料和工艺词汇体现得越多，诱惑消费者联想并增加其品尝欲望的力量就会越强。尤其像“毛氏祖传秘制浓酱文火老干妈红烧肉（本餐厅第一功夫招牌菜）”，一般消费者光看名字就对该道菜的色香味产生了巨大的联想，增强了品尝的欲望。

当然，这两个新增加的红烧肉品种也是我配合厨师一起开发出来的，厨师自己也试做了多次才成功。后来老板娘对我这个“贵人”是百般尊敬，每次我去吃饭都不愿意收费，这样反倒让我尴尬，最后我反而去得少了。但我每次路过餐馆时，都发现大堂里坐满了人，这让我很有成就感。

正如我在《魔鬼营销人》一书中所描述的那样，我确实因为在营销上有才而喜欢到处显摆，有时候看到特别低能的做法就有“技痒”的毛病，对这个餐厅的无私帮助就属于这种情况。但有时候我在营销策划项目的接洽中也会这样做，如遭遇白酒行业、饮料行业集体不作为的行业营销现象时，我会对行业中的企业客户以较低的价格合作，因为我想给行业做出创新样板案例。

锚定效应的高级就在于几乎不增加成本，收到的效益却难以估量，但如何使用则是一个窍门，好在这个策略的运用不复杂，只是不同的行业会有不同的使用方式。如果仅仅从价格上的锚定来看，我们利用了消费者理性分析的弱点，而在品名上的累赘，则使消费者在选择的时候会感性，感性则是营销中最具有力量的一种行为。为了更详尽地讲解这个问题，接下来请大家跟我阅读营销怪招第九式：感性效应。

第九式

感性效应

市场营销中杀伤力最大的温柔一刀

感性和理性，是人类的两种情绪的客观反映，也是我们处理任何事物的两种态度。我们什么时候应该理性？什么时候又必须感性？其实有时候我们自己也不知道，并且情绪是难以控制的，尤其是当事人，因为身处事件中更加难以控制情绪。客观来说市场营销是一种满足消费需求的市场行为，但现在可以这么说，仅仅满足需求已经远远不够了，还需要激发消费者的潜在需求。譬如物质需求是属于理性的，而精神需求是感性的。所以做市场营销应该聚焦于消费者的精神世界，无论是产品、品牌或营销活动，都必须聚焦于如何让消费者感性起来。因为只有让消费者感性起来，我们的产品销售和营销行为才能得到更多消费者的拥戴。

感性效应，是我一直喜欢使用的实效策略，因为我一直觉得中国的企业营销太理性了。从市场上来看，矿泉水营销集体诉求水源地和矿物质；牙膏营销集体诉求功能；保健酒营销集体诉求中药原材，如鹿龟酒、海马酒、虫草酒和蛤蚧蚂蚁酒等。企业营销一旦偏向于理性，消费者的消费也就偏向于理性；而消费者偏向于理性，营销就会出现障碍。

感性和理性是人类情绪的外在表达方式。“理性”一般是指我们形成概念、进行判断、分析、综合、比较、推理及计算等方面的基础性思维，意思和感性相对。“感性”则作为理性的对立面而被理解，“感性”等于“非理性”，如感情用事、多愁善感或者兴奋快乐等。

我们对“理性”的理解，即便不准确，也不至于有太大的偏差，但对“感性”的理解却千差万别。认为感性就是不理性、感情用事，是对“感性”最大的偏见和误解。“感性”一词并不是感情色彩非常消极的贬义词，更多时候是一种积极的甚至有益身心的表达。感性，其实就是一个人对待事物的方式比较热情和投入，它不像理性那么冷酷和置身事外。

在商业经营中，经常会发生这样的现象，明明自己的产品完美无缺，但消费者就是百般挑剔，而且专挑一些不起眼的小毛病来与你计较；明明已经是同类产品中的最低价格了，消费者却一味地砍价或者干脆对你的解释不理不睬。这是理性消费者的独特表现，消费者一理性，销售就困难。

一把电子锁卖8600元，一套挂衣服的衣架卖1280元，无论你怎么问消费者，他们都会回答你，“傻瓜才会买”。是的，这个时候，消费者是理性的，而且这个理性是非常积极的或者说是处于正常状态的，处于这类理性状态的消费者会对价格非常敏感。这个时候，如果你一味地打广告，任你如何凶猛，最终产品在市场上的表现一定不会太好，甚至会“死”得很惨。

世界上什么都可以扭转，唯独一个人的情绪是无法自己扭转的。很多电影中会有这样的场景：两个人争吵或者一群人彼此争论不休的时候，突然一声枪响，全场立刻一片寂静，甚至会出现面面相觑的尴尬情境。这就是外来力量所产生的震撼作用，因为争吵的双方已经无法靠自己的能力进行自我分解。

8600元一把的电子锁，如何才能让消费者进入对我们有利的感性之中呢？也许只有使消费者对家居感觉到不安全，而这个不安全会危及最亲爱的人时，再用一种方法将消费者的理性防范意识打破，此时就能打动他们，让他们积极响应。

我一直不主张动用硬广告，因为猛打硬广告不如一张强调良心的 DM 有效；在推广智能防暴锁时，我们就向目标消费者打出写有这样宣传语的宣传单：“你可以省下这笔钱，但你能置家人的生命危险于不顾吗？”“花 8600 元，是为家人买了一生的安全保险！” “你是一个有责任感的男人吗？”“你为什么不愿意花这笔钱，情愿让你最亲的人处于危险之中？”

一波又一波的良心炸弹伴随着公安机关的血腥案情直接传递到每家每户，像一颗颗重磅炸弹，轰炸到目标消费者的内心深处。原本理性的居民用户不得不变得感性起来：“相比之下，家人的生命和财产安全还是最重要的！”“不就是 8600 元嘛，干吗要提心吊胆地过日子？”

在询问了数百个女性消费者“愿意花 1280 元买一套仅仅用作挂衣服的衣架吗”，得到否定的结果之后，我们促使消费者感性行动，由工业设计师团队创意而来的人性化的金属衣架六件套诞生了。这时候还是这些女性消费者，当她们看到这些衣架产品之后，第一个印象竟然是——“哇，这么漂亮的衣架，一定不便宜吧？”

是的，确实不便宜，但这个时候的不便宜已经不重要了，因为她们已经失去了理性，觉得只有这么漂亮的衣架才对得起自己数千元乃至数万元买回来的高级时装，同时也衬托了自己与众不同的时尚品位。女人，通常越感性就越喜欢消费。

在给某手机做销售话术训练时，我们就专门为销售员设计了这样一种非常感性或者说非常有趣的销售话术。当营业员帮助消费者挑选手机款式时，营业员突然会做深呼吸状，然后说：“哇，好香啊！美女，你身上的香水味很好闻，是什么牌子的？太好闻了！”如果这位美女说了一个品牌名字，营业员立刻就接上话题，“哇，你太有品位了！”

这种明显带有拍马屁的恭维语言，因为说话的方式和语言结构的专门设计，使得消费者听了很受用，也不会引起警惕。当然，如果正好遭遇美女这样回答：“啊？我没用什么香水呀？”没关系，营业员早已准备好如何应对话术了——“哦，这样啊，那你可能就是传说中的有自然体香的美女了……”这么一说，这个美女一定很开心。

我在上海有一个开餐馆的朋友叫徐××，当时他在龙门路上有一家楼上楼下大约50座的小酒楼，酒楼就是提供上海本地的家常菜，偶尔应消费者需要，临时去八仙桥菜市场批发一些海鲜。也许因为开餐馆时间久了，各种各样的客人都遭遇过了，所以每次我们在一起喝茶聊天时，他总是会谈及自己对一些消费者的应对之策。

譬如他说“架梁”（上海话，因近视眼而戴眼镜的客人）不太好对付。我问为什么？他说自己也不知道为什么，每次戴眼镜的人来餐馆就餐，要求特别多，对菜品质量也会有很多的挑剔要求，责怪上菜慢、菜太咸太淡或者油太多等，包括最终买单时的讨价还价等。

当时，他还问我这是为什么，我当然也回答不了他的问题。但是后来他感悟到了，说是戴眼镜的人特别理性，理性的人就会特别挑剔。后来，他一遇到理性的客人就会主动与客人搭话，讲讲股票、侃侃新闻，或者看对方的行头无话找话，要么就忙不迭地敬烟点烟故意套近乎。

“所以我喜欢做宵夜。”他说。我问他为什么？他说来吃夜宵的人，大部分是一些打麻将、卡拉OK或者酒吧跳舞开心之后过来消遣的人，这些来吃夜宵的客人基本上都很感性，很少在乎价格，尤其是打麻将的人，无论输赢都非常豪爽，点菜也不会往低里点。

我在几篇谈论矿泉水、饮料营销的文章中也提到过，一个产品销售的最高境界是让消费者不在乎包装里面究竟是什么东西，而是直接冲着漂亮另类的产品包装、品牌、有性格的价值主张和特别牛的品牌名称及非常有趣的推广创意而来。如果能做到这个层次，就是感性营销中的宗教崇拜式，这就是营销的最高境界。

但当前企业矿泉水营销中诉求的水源地、矿物质名称、含量、弱碱性等，这些超级专业术语的理性呈现只会让消费者陷入雾里云中。我们只是渴了想喝一瓶水而已，何必弄得如此复杂？这说明企业、营销人和广告人，根本不了解消费者的真实需求，尤其是忽略了他们的精神需求。

无论你承不承认，营销的最高境界就是让消费者愉悦地掏钱。如果你认同，那么请从现在开始，将产品外观设计得超级感性，修改莫名其妙的品牌名称，删除你自以为是的产品卖点，将理性的卖点诉求更改为感性的沟通，增加能激发消费者内心共鸣的品牌性格主张；抛弃粗暴的硬广告，多采用双向互动的感性营销创意，尽一切可能让目标人群兴奋起来。

感性，是你理解消费者，同时也是取悦消费者的最佳表现。与其土豪式的数千万硬广告狂轰滥炸，不如一个感性的策略更能让消费者对你的品牌产生好感。一切理性的营销都不会有前途，尤其是对品牌发展没有任何价值！

未来的营销，我希望大家都能将策略上升到感性的高度，因为我一直固执地认为，只有当消费者愉悦地掏钱消费的时候，才是营销的最高境界。为什么消费者会愉悦地掏钱消费？是因为消费者感知到了我们的产品和品牌价值，而这个因素是非常重要的。那么，什么是价值呢？消费者又如何感知？请继续阅读营销怪招第十式：感知效应。

第十式

感知效应

能让产品销量倍增的营销杀招

消费者凭什么选择你的产品？很简单，就因为他们认为，你的产品能给他们带来某种其他产品无法替代的价值。或者说，你的产品价值让消费者清晰地感知到了，而竞争对手的产品，未能让消费者感知到，所以消费者最终选择了你的产品。综观市场营销，企业所做的努力其实都是在向消费者传递价值。譬如使用某种牙膏品牌能让我们感觉到自己对生活质量的品位要求，购买某个品牌的汽车能让身边的人发现自己属于哪一类人。由此可以发现，我们选择任何一个产品和品牌都是为了体现自身的价值。关键是你的产品或者品牌所提供的价值能否让消费者清晰地感知到，如果感知失败，那么你的营销努力也将付之东流。

感知效应，是指一个企业将自己的产品和品牌向目标人群推广时所设计的信息图文，能被目标人群准确地感知到，从而愿意支付他们认为的产品或品牌价值。感知效应也是检验企业营销成败的关键。

什么是感知？有些东西是我们用眼睛看不到的，如黑暗中的物体，却可以凭借手和身体去感知它们的存在；有些东西是我们无法用手和身体触摸到的，如远处的物体或者是风景，却可以用眼睛来感知它们的存在；有些东西我们既无法用眼睛看到，也不能用手和身体去触摸，如歌声、音乐、话语等，却可以用耳朵来感知它们的存在；还有一些东西是我们的感官无法直接感知的，如紫外线、红外线、细胞、粒子与电磁波等，但是我们可以制造各种仪器和借助工具来感知它们的存在。

营销上的价值通常分为两种，一种是产品的价值，另一种是品牌的价值。产品的价值就是产品能给消费者提供的某些物质利益正好是其他同类产品所不具备的。譬如外观更时尚新颖、功能功效更强大、操作更简单方便等；品牌的价值就是这个品牌能给予消费者的精神利益，譬如品牌能彰显使用者的身份和性格，或者品牌的价值主张能令消费者产生共鸣等。

一瓶500ml的矿泉水卖200元，你是不是觉得太贵不靠谱？错！大量的消费者连几十万几百万的豪车和洋房都买得起，怎么会拿不出区区200元？问题的关键就在这里，你能否将一瓶500ml的矿泉水做出200元乃至500元的价值来呢？如果做不出来，那就乖乖地给它贴上3元一瓶的标签吧。

我们习惯于挖掘产品的卖点，譬如矿泉水中的矿物质含量、矿泉水的水源地等。可消费者会想：这关我什么事？你含硒量高跟我喝水又有什么关系？我不喝你的矿泉水生命质量就差了？你到底懂不懂我到底需要什么？物质价值是非常有限的，难以产生巨大的吸引力，真正让消费者掏钱买奢侈品的都是精神价值的感知。

很多企业老板和营销人一直在产品定价问题上伤透脑筋，定得高，消费者不买账；定得低，利润单薄不说，消费者还会认为质量有问题。对我来说，产品没有价格高低之分，只有产品价值和品牌价值有没有做出来，有没有让消费者精准地感知到，只要能感知到产品价值，价格就不是问题。但有些营销诉求，消费者未必能感知到。

譬如消费者仅凭五官并不能检验一种很贵的洗面奶是否比一种平价的洗面奶更能防皱或者美白，也不能检验出爆玉米花是不是健康食品，或者高露洁牙膏是否比中华牙膏更能防止龋齿，非油炸的方便面是不是真的比油炸的更健康。这些产品价值的承诺具有“潜在”性，但照样能够成为一种稳固的、可信的品牌营销策略。

同样，消费者不是技术专家，所以你诉求的产品技术性能的卖点都不能让消费者精确感知到产品价值；互联网专家对O2O、SEO、P2P、流量、平台等概念耳熟能详，但你把这些概念对着一些很少涉及互联网的传统企业老板演讲，老板们就无法感知到这些概念究竟是什么，这就是感知失败。

有一些营销策划公司一接到新的策划业务，就在头脑里有了如何提炼概念、如何拍摄广告片创意的念头。而硬广告因为时间太短，通常很难在30秒之内让消费者精确感知到一个核心诉求，所以广告的失败率远远高过70%。这就是很多企业投放了巨额广告，但产品销售依然未见好转的核心原因。

中国企业的营销努力，基本上都习惯于聚焦后端的广告，什么影视广告、终端促销等，但对产品传播的前端即产品本身的努力很乏力。产品本身除了与竞争对手产品相同的标配信息外，就是品牌名称和生产企业的不同。如果能在产品身上，为消费者创造这种能感知产品价值的区隔概念，也许后端的营销努力就显得多余了。

电热水器内部的安全系统属于电器技术范畴，空乏的“使用100万次无事故”诉求并不能令消费者准确感知到产品的安全性。

海尔推出了带有“防电墙”的电热水器，并告诉消费者，使用防电墙热水器，就像打电话一样安全。“防电墙”三个字能让消费者准确感知到这个产品的“安全”价值和独有价值，因为其他产品没有这个东西。于是，海尔“防电墙”热水器一枝独秀。

一家太阳能热水器仅仅借鉴了这个案例，向消费者提供装有“保热墙”的太阳能产品，就立刻一飞冲天，成为行业翘楚，因为“保热墙”三个字远比你喊一百遍“冬天好用是硬道理”更能感知到产品价值。

价格是看得见的，而价值是看不见的。价格是企业确定的，而价值是由消费者自己感知到的。如果你要代步，完全可以买一辆10万元左右的小汽车，为何要花上百万元的费用去买一辆奔驰、宝马或者陆虎等豪车呢？除了这些品牌车辆的质量高外，你还能感知到哪些10万元车给不了的价值呢？

喝茅台、五粮液的消费者会感知到两种价值：一种是物质的质量价值，这是两个品牌一直在传播的；另一种是可以衬托自己身份的价值，所以茅台、五粮液成了权贵和富豪的专属品。而喝中华英雄酒的消费者几乎不会关注它的质量，因为强大的血性力量、社会正义感和被人所敬仰的价值感知远远超越了对酒品物质的关注。

啤酒营销中通用的纯生、原生概念的感知，仅仅停留在模糊的概念上，无法为消费者提供可以准确感知到的价值，尤其是当所有的品牌产品都在用纯生和原生时。我另辟蹊径，通过新米饭比陈米饭更香更好吃的认知概念，创造了用当年新麦芽酿造的“新麦醇”啤酒，让消费者准确感知到了“新麦醇”啤酒的独特价值。

我们所做的全部营销策略，其核心都是品牌价值信息的有效传播，而传播的载体无非是文字和图像。如果你编辑的营销信息能准确地被目标人群感知到，那么营销的效用就产生了。否则，企业的营销就会遭遇失败。

在海南生活的人都知道，海南有一种水果叫莲雾，但你通过电话向从未到过海南的北方朋友传递“莲雾”这两个字的时候，你的北方朋友是无法感知到你说的水果究竟是什么东西，这就是感知失败。即便你告诉他颜色像辣椒、形状像梨都不如直接发一张照片给他，照片更能让他精确感知。

一瓶500ml的矿泉水要怎么做才能让消费者感知到它值500元呢？首先我们要确定一下，哪类人会需要这瓶有明显价值的矿泉水产品呢？在中国，应该有一批人非常需要，他们就是事业成功并对精神价值有独特需求的人，譬如企业家、文化名人或者演艺明星等。

一个西餐厅要怎么做才能让人感知到与消费者身份匹配的“高级尊贵感”呢？消费价格高不能体现尊贵，真正的高贵不是外在的价格，而是内在的血统和气质传承。所以我将最阳春白雪的交响乐队搬进了餐厅，同时又将餐厅墙面做成了艺术画廊……高贵的产品，自然需要高贵的品牌名称。

高级矿泉水的品牌名称必须要从目标人群内在的精神世界里去寻找，要让他们一听到或者是看到品牌名称，就会觉得这才是与自己身份匹配的品牌产品。至少某些字眼里需要一些诗意和精神暗示，譬如“另一种格调”“远山的声音”“我的高度”和“触摸净界”等创意源，以此组合出能让目标人群感知到来自于思想高度的内涵价值的品牌名称。

很多品牌的产品营销其实都无法让目标人群准确感知到所购买产品的价值，因为企业营销过于低级，聚焦点始终围绕着产品质量和功能功效展开，而这种价值是非常有限而且容易被替代的。人的高级需求是精神价值的满足，而企业营销人能做到让目标人群精确感知吗？

十年前推广金锣放养猪肉时，我们的健康诉求并没有让消费者感觉花两倍的价格购买的必要性。后来我将这个健康概念转移到女性消费者身上，并设计了让她们能够精确感知到的恐吓信息——“家庭主妇为何越来越胖？”因为吃了催肥素养大的猪肉，残留的催肥素又催肥了你……并将催肥素在显微镜下放大。这下女性消费者害怕了，开始大量购买更健康的金锣放养肉，这是提供物质价值感知的成功。

我设计的中华英雄酒——“铁血正义盟”品牌的白酒，是通过“喝中华英雄酒，做有血性和正义感的男人”这种能让消费者精确感知到精神价值的白酒品牌，是其他白酒品牌和产品所无法提供的，这是提供精神价值感知的成功。

消费者认为的价值必须能精确感知到，而且必须是消费者非常在意和信服的，其中包含两种价值：一是物质价值；二是精神价值。物质是基础，但真正的吸引力却在于精神价值的追求。奔驰车首先是性能良好的，其次是能彰显身份的。但质量好的车很多，彰显身份的车不多，这才是消费者选择豪车的原因。

如果消费者无法准确感知到产品和品牌的双重价值，那么你的营销努力就会白费。

感知不仅是市场营销和广告传播最重要的一个核心因素，也是检验企业营销和广告传播策略精准与否的准绳。譬如恒大冰泉为什么卖不动？就是因为其不具备价格高的理由，消费者也无法从恒大冰泉的传播信息中感知到它的价值。传播信息的感知线索也是衡量一个营销人和广告人专业能力的标准。

所以，营销人和营销策划同仁，与其在营销后端不断增加广告投放，费尽心思大搞促销活动，不如回过头来检查一遍自己设计的产品和品牌营销策略，能否为消费者提供真实的价值感知。如果没有，那就赶快动脑快速弥补。只有具备了可感知到的价值，你的产品才有可能在终端疯狂地销售。

感知效应，其实是一种能够让消费者清晰、精准地感知到产品和品牌价值的一种营销方法。对企业来说，产品和品牌无法让消费者准确感知到价值才是最大的悲哀。因为一旦他们感知不到价值，全部营销费用就会打水漂。而接下来的社会规范效应，则是每一个企业都应该学会并且驾驭的一个营销战术，因为它的力量非常强大。请继续阅读第十一式：规范效应。

第十一式

规范效应

对消费者有强大杀伤力的营销暗器

从某种角度来讲，消费者购买我们的产品，不是因为我们的产品真的比竞争对手的产品质量好，也不是他们真的特别喜欢我们的产品，而是购买我们的产品是一种社会规范使然，不购买，消费者会觉得自己错过了什么，或者失去了什么。利用社会规范进行市场营销是一种比较高级的营销手段，因为这种手段会让消费者忽略你的营销行为，在消费者的心目中，这是一种社会的责任和义务。这是我在2004年开始思考并进行实战运用的一种有效的营销策略，也是一种完全运用潜移默化的力量，对消费者进行心理攻击的一种全新的营销战术。2007年以后，我开始频繁地运用这种社会规范进行营销，几乎每次营销策划都会尝试着运用此策略，但很遗憾，不是每一个产品都适合此策略。

规范效应，就是利用人们对社会行为规范的一种自觉约束力而进行产品销售的营销行为，是一种能让消费者感性消费的强大营销策略。

规范，泛指社会规范，就是用社会的力量来约束人的行为规范。它是人类为了社会共同生活的需要，在社会互动过程中衍生出来的相习成风和约定俗成，或者由人们共同制定并明确施行的人类社会行为的规矩或者是社会活动的准则。社会规范可分为成文的和不成文的两类。风俗习惯、部分道德规范及部分法律规范。宗教规范是不成文的；法令、条例、规章和大部分法律、重要的教规是成文的；风俗、道德、法律、宗教等是社会规范的各种具体形式。

社会规范也是影响人的行动的最有力因素。当我们因为义务感、责任感、感激心或羞耻心而采取行动时，规范就会发挥作用。在做出购买决定时，规范也是重要的。譬如一个品牌向母亲们承诺，将免除其对家庭的歉疚感；一个品牌刺伤了我们敏感的自尊心；一个品牌去除了影响销售的禁忌（如避孕套）。

一个人在社会中生存，就会不自觉地遵守某种约定俗成的社会规范。譬如路遇不公之事不挺身而出，反而避而远之，就会感到不安；结婚要穿婚纱、敬老爱幼、好男不跟女斗，以及生日吃蛋糕吹蜡烛等，这是社会通过教育和历史传承而使人在不知不觉中慢慢养成的一种社会约定俗成的规范或者叫习惯。

社会规范是能潜移默化改变人类行为的一种共同的约束，它不同于法律，法律是强制性的，而社会规范却是从道德层面让人必须遵守，否则会引发公众质疑或蔑视的某种行为约定。

大众甲壳虫汽车在美国上市时，就运用了美国人重视环保的社会认同的规范，将体积很小的甲壳虫汽车宣传为“缩小一点体积，是为了让地球更多一些空间”的环保观点，结合了社会规范，产品立刻畅销。因为消费者会这样想：同样买一辆车，买甲壳虫还可以为环保做出一份贡献，何乐而不为呢？

国内企业农夫山泉矿泉水也同样使用了社会规范营销技巧，将普通的购买行为上升到“每购买一瓶农夫山泉矿泉水，等于为贫困地区的希望小学捐赠了一分钱”的公益行为。虽然只是一分钱，但毕竟能让自己参与有益社会的活动，何乐而不为呢？农夫山泉的这个宣传活动，立刻受到广大消费者的积极响应。

社会规范一旦形成就很难被攻破，它具有强大的“病毒式”扩散的力量，不容被质疑、被篡改。企业在进行产品营销的策略设计时，必须要考虑当前跟这个产品有关的社会规范有哪些？可不可以进入这个规范中？如果能将产品的消费行为设计成一个不容被否决的社会规范，那么这个产品就必然会畅销。

巨人网络集团董事长史玉柱的脑白金是一种能够促进老年人健康睡眠的保健品，但当其团队运用科学原理进行政策推广时遭遇失败，后来团队只能将脑白金产品改变成礼品，而且目标直接锁定家庭后辈，在广告中打出了“孝敬爸妈脑白金”“今年过节不收礼，收礼只收脑白金”等宣传语。这等于是向目标人群明示：如果你是一个孝顺的后代，你必须给爸爸妈妈购买脑白金，或者过年过节只有送脑白金才是受欢迎的。

一个普通的产品一旦上升到社会规范层面，就不会再有人视而不见，大部分人会采取行动。只要企业不是心术不正故意诱骗人上当，产品质量和功能基本能与其诉求点相吻合，则该产品就会畅销。从营销角度来讲，消费者之所以决定购买某个产品，也许是为了避免或消除一种与其深知的社会规范和价值相左的内心冲突。

智能防爆锁在小区推广的成功就是运用了社会规范策略，促使小区居民的核心责任人愿意为捍卫居家的安全而承担责任。一个换锁行动就能体现一个人内在的责任和良心，何乐而不为呢？把购买一把具有防盗功能的安全锁具上升到主动为社会安全做出贡献的社会性行为，理性消费者都被感性化了。

每年的圣诞节、情人节、七夕节等，国内的商家都会纷纷推出各种促销噱头，为青年男女制造了无数的消费理由：鲜花店、巧克力、咖啡馆、餐厅、KTV、酒吧、珠宝店、时装店、电影院、游乐场所和商场等，几乎都向青年消费者抛出了五花八门的诱饵。

这样的结果导致了什么呢？所有人会在这一天按捺不住——大家都不愿意待在家里，女士们都期待着男士的邀请，男士们盘算着该邀请谁，计划着该在这一天花多少钱，如何在这天把心中喜欢的女人追到手……

2013年9月10日，我召集了12位公司员工，在酒店房间为一款澳洲原瓶进口的红酒进行策略创意。当时国内的红酒营销无非就是诉诸“葡萄品种”“原产地”“浪漫”“品位”“大师”“酒庄”等，除此之外，根本没有任何创新点，所以我决定运用社会规范销售红酒产品。

我的营销习惯是，确定了方向之后，就在各种社会规范中寻找相对应的策略，最终锁定在“生日规范”中。因为生日是一个强大的社会规范，绝对有前途。于是，我为这个策略专门创造了一个带有生日印记的品牌名称——“souvenir”并注册成功。生日是人生诞辰纪念日，是每个人最重要的纪念日之一，而英文“souvenir”意为“纪念、纪念品”，与我们的产品定位非常吻合，“苏文尼”取自英文译音，听上去就是一个国外名字。

生日是每个人每年都要过的一个人生小节日，虽然生日的过法因国别、民族和地理差异，其风俗有所不同，但对待个人生日的重要性，全世界的人几乎都差不多；生日不光个人有，单位和国家也有生日。定位于生日红酒，这个市场就不单单是目标人群选择的问题，而是辐射到了所有的人和机构，看似定位很细，实则市场庞大，而且这个市场根本鲜有品牌进入过。

生日红酒这个定位的市场价值在于，生日是每个人都会十分重视的一个涉及人类行为规范的日子，每个人都知道，生日这一天无论如何也要意思一下，或吃个蛋糕或吃一碗长寿面，不然就不能称之为过生日。过生日就是人类集体思维中的一个必然之选，并成为我们潜意识中不得违反的行为规范。人们一旦被行为规范所束缚，人的行为就会被其控制，而消费品一旦进入人类行为规范范畴，买这个产品或消费这个产品就赋予了特别的意义。

将一款进口红酒植入过生日必须喝的社会规范中，消费者就会淡化对红酒本身的质量和价格的关注，因为这个红酒拥有了象征的价值。一旦这个策略产生效果，以后每个人过生日就会率先联想到苏文尼红酒，而苏文尼必然将与蛋糕和蜡烛一起，成为过生日时的刚性需求。

八月中秋佳节，无论你在哪里，你都会象征性地吃一块月饼，即便是正常营业的餐厅，也会在这一天的晚餐中赠送一份月饼，表示餐厅对今天这个节日还在外面用餐的客人的敬意。同样，正月十五闹元宵这一天，商场里的汤圆绝对会脱销，每家每户都会在这一天的晚上象征性地吃一碗汤圆，营业餐厅也会向每一位客人赠送一碗汤圆，以表示元宵佳节的问候。

端午节吃粽子，是上海人生活中的一个传统，几乎每家每户都会从市场上买回芦叶，然后用糯米包裹粽子，一般里面的馅是猪肉和红枣，也有白米粽或者红豆粽，吃的时候蘸糖吃。后来我才发现，不仅上海人这样，全国各地的人都会在这一天吃粽子，不同的是粽子的包法和形状。

上述种种，其实就是一种全社会都在遵守的规范行为，这可不是法律硬性规定，而是人们自发遵守的。譬如当你在原本合家团聚的中秋佳节独自在外流浪，你会感觉有一点凄凉，一个月饼就会让你感到温馨。这就是社会规范的力量，它会以一种无形的力量来约束我们的行为。

红酒可以做成生日红酒，纳入“生日”社会规范中，成为某种仪式的道具。但生日只是社会规范中的一个，事实上社会规范的种类很多，只要我们稍加研究和分析，就会找到更多适合纳入产品进行市场营销的社会规范。譬如关爱家人既是一种亲情又是一种社会规范，如果把产品的营销策略设计成关爱家人的一种道具和符号，那么这个产品就被赋予了特殊的含义，其销售自然也被加入其他力量。

运用社会规范设计营销策略，无论你的产品进入哪一个市场，都将是一个真正的刚需市场。只要企业策划人员驾驭得好，所有进入社会规范内的产品和品牌都会长期畅销，而且进入之后根本不会有任何竞争对手与你争抢，因为进入社会规范的产品，消费者通常只能接受一个，不会有第二个选择。

空气净化器可不可以运用社会规范的力量进行营销呢？完全可以。如果我来做空气净化器的营销推广，我会把营销策略设计成：不买空气净化器的家庭会失去什么，或者没有空气净化器的家庭是什么样的家庭，而安装了空气净化器的家庭又是什么样的家庭？我相信，只要这个特殊标签产生效果，消费者就会络绎不绝地购买空气净化器。

但是，不是任何产品都可以运用社会规范进行营销，如果你对人的潜意识思维了解不够，或者对人类的社会规范作用了解尚浅，极有可能适得其反。利用社会规范营销产品是一种隐性的营销力量，而且是被迫接受，甚至像法律一样强制性消费，驾驭技巧也非常讲究，不是每一个人都能策划好的。

社会规范的力量非常强大，我们也从阅读本章内容中感受到了这种力量。但话说回来，市场营销的策略可以通过横向思维创新不断涌现，归根结底还是在做好产品基础层面的前提下。所以接下来的一个战术，是每一个企业的梦想——开创新品类。相信这个战术的品类效应应该会有很多人喜欢，毕竟是能给企业带来最大甜头的一种营销方法。

第十二式

品类效应

抢占行业第一位置的战斧级营销导弹

传统的逻辑思维模式决定了我们的大脑对世间万物的处理方式。我们大脑里有一个庞大的经验（事物）库，这个库是专门用来储存我们所见到的和必须记忆的各类事物的。由于大脑里储存着太多的事物，为了快速地加以使用，大脑对这些事物进行了分门别类的储存，它就像药店里的中药柜，一个又一个抽屉里存放着各种类别的中药。譬如茶杯这个大抽屉里，就有玻璃杯、瓷杯和塑料杯等。从形态上说，又可以分为圆形的杯子和方形的杯子、有脚的杯子和无脚的杯子等几个小抽屉。其实，这就是商业中的品类原理，如果我们驾驭了这个原理，就能通过品类名称的创意而诞生更多全新的品牌。

品类效应，是指企业通过技术创新和营销创新，为消费市场提供一种独一无二的新产品，而这个新产品能够代表一个产品类别的诞生。通常一个企业能够占据一个品类的代表，那么这类产品在市场上的销量就无法估量，而这个品牌绝对会成为领导品牌。更重要的是，当其他企业跟进推出同类产品时，消费者都只认这个产品类别的开创者。

先来了解一下什么是品类？我相信很多业内人士都非常清楚，对于策划人而言，我们对品类的定义与当前超市对品类的定义略微有些差异。首先，我们来看看国际知名的AC尼尔森调查公司对品类的定义——“品类”即确定什么产品组成小组和类别，与消费者的感知有关，应基于对消费者需求驱动和购买行为的理解。而家乐福则认为品类即商品的分类，一个小分类就代表了一种消费者的需求。

我总感觉这个定义似乎有点不完整，或者说有一点偏狭。因为这里讲的只是根据消费者的需求进行分类，而不仅仅是根据商品的属性进行分类，我觉得这只是品类管理者的管理思维而非带有引导性质或者营销策略性质的品类定义。

在家乐福的分类中，“碗碟”被定义为“消费者通常用于盛放食物的器皿”，所以它在小分类中先分为“碗碟”，再细分为“陶碗碟”“瓷碗碟”“密胺碗碟”“玻璃碗碟”“不锈钢碗碟”“木制碗碟”等，方便消费者选购。

提到产品品类，我有必要谈一下我们逻辑思维中的概念抽屉模式。我们在看到某个产品的瞬间，就会在脑海里自动把它归类到一个概念抽屉里面，譬如我们看到一张椅子，自然会把它归类到“家具”这个概念抽屉里。而“家具”概念抽屉里就会有“板式家具”“欧式家具”“美式家具”“中式家具”“儿童家具”，以及“办公家具”等概念。人类的大脑会把所看到的产品进行归类，因为如果大脑无法这么清晰地归类，我们做任何工作都会遇到麻烦，同时也很难做好。

概念抽屉与产品品类密不可分，同时又与市场细分有瓜葛，所以有时候这三者之间会互相作用并产生连带关系。譬如娃哈哈的营养快线是一个品类、农夫山泉的水溶C是一个品类、盘龙云海的排毒养颜也是一个品类，但这些品类并没有脱离产品的基本属性，它们只是偷换了概念，引导消费者进行新的认知，从而令消费者内在的概念脱离原来的产品属性，在思维中打开一个新的抽屉。

正确的且符合消费者心理认知的新品类可以给消费者带来更多的选

择，你就有了更多成功的机会，所以越来越多的企业把营销的中心聚焦到品类创新上。此外，艾里斯艾・里斯的定位理论也谈到了品类战略的重要性，但是当前企业家和营销专家意识中的品类仅仅局限于产品物理层面的创新，并没有涉及营销中的品类创新。

娃哈哈的营养快线、香飘飘的杯装奶茶、农夫山泉的水溶 C 和喜之郎的果冻，都属于在物理性质的产品品类上进行创新，涉及的只是企业战略性的技术研发，譬如营养快线就是“牛奶 + 果汁”，香飘飘的“杯装奶茶”只是将液体的奶茶改为粉状的冲调奶茶。他们关注的都是企业技术研发或者产品开发层面的品类创新，这对一般企业来说有难度，甚至也有偶然巧合的一面。

我今天要说的是营销上的品类创新，这是一种原创性的营销战术。2007 年，我与四川 × ×电器达成合作，这家企业开创了一个全新的油烟机新品类：侧吸式油烟机。因为只是改变外观形态，并不能给企业带来利益，所以企业通过技术原理，起名叫“旋流式”油烟机。

对企业来说这是一次技术的革新，他们创造了一个全新的油烟机品类。但无论侧吸式也好、旋流式也罢，我们只是一味地从产品外形和技术原理对新品类产品命名，这个命名能不能影响消费者，使他们在大脑里新开一个抽屉，成为一个独立的品类概念呢？

答案是可以的。但是这个品类认知需要强大的广告作为铺垫，因为消费者无法从侧吸式和旋流式概念中知道此品类究竟有什么大的功效改观？为什么要购买它们呢？这个品类的购买理由不充分。因为油烟机是耐用品，价格数千元，与奶茶、营养快线等几元钱的消费决策完全不同，消费者不会轻易下决策。

消费者购买油烟机的目的是什么？不就是为了让厨房炒菜时没有油烟污染吗？既然这样，我们给消费者一个外形和技术概念能解决什么问题呢？所以，我决定从油烟机的功效入手，以最通俗的理念，给消费者一个全新的、有排油烟质量认知的新品类名称。

通过严格的市场调查和创意散发，我们很快提炼了一个品类名称，那就是“深附吸”油烟机，这个名称的优点在于一个“深”字，相比其他对手的油烟机就是“不深”或者“浅”的意思，符合逻辑思维的二元对立思考方式；而“附”字的意思，直接就把侧吸式包含进去；旋流技术作为背书，为“深附吸”提供了保障。

“深附吸”油烟机的卖点“油烟吸净率98.9%”和“爆炒辣椒无呛味”的广告语也一并诞生。××“深附吸”一飞冲天，牢牢地抓住了消费者对厨房油烟导致环境污染乃至生命健康受威胁的痛点，成为一个带有明显质量暗示的新品类。2014年，拥有数百项技术专利的××电器成功上市。

同样，电热水器产品是一个不同于燃气热水器和太阳能热水器的新品类，但在推广过程中却遭遇了难题，因为消费者觉得用电的东西不安全。通过在电热水器的产品物理品类名称前增加一个能提示产品质量的区隔概念“防电墙”，使其成为一个独立的新品类，就有效地解决了这一问题。由此，带有“防电墙”的电热水器诞生了。

我在很多场合对企业家和课堂学员说，如果你的产品属性无法更改，譬如油烟机、热水器等约定俗成的品类名称，就必须在属性名称前增加能暗示产品质量的区隔概念，使其成为一个质量产品类别。因为如果遇到一个全新的产品，或者经过技术改造后与原来的产品完全不一样的时候，我们是可以修改品类属性概念的。

产品属性名称是产品与生俱来的，譬如水、煤、米、油等，因为我们的先人很早就把一些物品进行了属性分类，几乎很难改变。像油烟机、热水器、高压锅、移动电话等是国外舶来品或者根据功能而起的名称，市场已经完全接受，也很难再去修改。

但有些创新产品的类别属性是可以修改的。2007年，我们与山东××海洋食品企业合作，这家公司的一个产品是经过重大技术突破后改良的嫩海带，至少有四个地方不同于传统海带：一是鲜嫩，是海带的幼苗；二是品种不同，与日本优质海带杂交而成；三是养殖不同，生长于深海纯净海域；四是营养和口感完全不同。因而价格是普通海带的两到三倍。

当时我就有改变“海带”这个既不好听，又很低廉的产品名称的想法。因为在消费者的概念抽屉里，海带是一种廉价的、不太好吃的食物，如果我们硬要改变消费者固有的观念去教育消费者，说这是一种新的更好吃的海带，需要很大代价。

经过几轮的创意风暴，最后我们提炼了一个比较满意的名称“海蛟兰”，这个名称与即将推出的小海带产品的特征吻合，如颜色鲜嫩翠绿、口感鲜美、营养丰富、安全纯净等。在做测试时，很多人对“海蛟兰”的印象是：深海的、生猛的、绿色的、像兰花一样的、新鲜的……

“海蛟兰”成为海洋食品中新开的一个品类，虽然是我们杜撰的一个新名称，目前也没有任何企业采用过，但这个名称与消费者喜新厌旧的心理吻合，容易引起人们的好奇心和兴趣，从而把这种新鲜的小海带放置到我们为消费者设置的“海蛟兰”这个新概念抽屉里。

除了增加质量区隔类别和修改产品属性而创造新品类外，还有没有可以运用营销创新进行品类创新的方法？当然有！最后一个方法就是“子虚乌有的创造”。我曾经将一款蚂蚁保健酒通过定位于创业者的励志保健酒而创造了“征途上喝的酒”，简称“征酒”。“征酒”是一个品类，它已经没有任何保健酒的原始痕迹，只有充满动态的力量，这是根据产品定位之后的创造。

2014 年，我做电商品牌方便面策划时，又产生了一个大胆的念头。方便面三个字仅仅停留在方便属性上，而随着几十年的运作，方便的需求已经完全满足，不再是需求的亮点。

电商品牌，是专门为青年人群设计的，如“80 后”“90 后”甚至是“00 后”，他们追求酷萌、好玩、有性格、有时尚感。他们不爱吃老土的方便面。所以，我通过创新，为“精灵十二餐”品牌的产品创造了一个全新的面食品类“秀餐面”，“秀色可餐”的面自然比方便面要厉害得多，“精灵十二餐”就成为秀餐面品类的开创者。

2016年，我为一家醋饮料企业进行大胆的品类创新突破，逃离产品的物质层面，将营销的每一个策略都做到消费者的精神世界里。即便是产品品牌，我也不再称其为醋饮料，无论是品牌名称还是产品名称，都剔除了传统醋饮料摆脱不了的“醋”字，创造了中国第一款“情感饮料”，而我们的品牌则成为情感饮料的开创者。这是需要运用横向思维才能诞生的，具有如此颠覆性的品类创意。

目前市场上每天都有新产品入市，但大部分产品最后都“死”了，成功者非常少。当新产品并不是一个开创性的新品类产品时（实际上这样的发明越来越艰难了，因为市场已经处于史无前例的拥挤状态），你唯一可以努力的方向就是运用品类效应，通过修改（属性）、增加（质量类别）和创造（新创）等方法创造一个新品类概念。

消费者购买什么，需要品类指引，购买优质产品需要指引。创造性品类是为了让消费者更轻松地选择产品，但消费者的行为是可以被营销策略引导的。如果你的产品能创造性地烙上行业第一的品类印记，那么销量就不会有问题。因为消费者最喜欢“猎奇”，原创的品类总会吸引更多消费者的青睐。

但是我们知道，企业仅仅在新产品的研发设计方面创造新品类的风险比较大，因为不是所有的品类都有前途。在哈尔滨有一款销售相对比较好的饮料秋林格瓦斯（俄罗斯口感的饮料），当它在全国进行布局的时候，娃哈哈似乎看到了这个品类带来的商机，于是也生产了娃哈哈品牌的格瓦斯。然而现实是残酷的，除了东北市场外，其他中国内地市场都对格瓦斯这个新品类非常陌生，不知道该叫它什么，也不知道为什么非要喝它。诸多的不明，导致了这个品类的失败。

虽然在未来的营销中品类非常重要，但也要考虑消费者的生活习惯。无论如何，企业如果无法创造一个新品类概念去引导消费者，在同质化的产品市场一味地指望用自以为是的更好的产品质量去苦口婆心地教育消费者，你就准备接受失败吧。因为消费者愿意为与众不同的品类开创者买单，但绝对会鄙视毫无特色的同类者。

如果说品类是生产企业一直在努力的方向，但实施起来又有点困难，那么将企业现有的产品设计成“锋利的尖刀”，能在销售终端秒杀消费者，倒是一件可以作为的事。毕竟不涉及技术研发层面，通过后期的营销策略设计也能达到这个效果。究竟什么是“尖刀”产品呢？请阅读营销怪招第十三式：尖刀效应。

第十三式

尖刀效应

力克群雄成就企业爆品的营销神技

这是我原创的一种实用性营销战术，萌发于 2001 年，成熟于 2004 年。尖刀策略源于我看战争影视剧时的思考。战争中总有一方会使用尖刀部队深入敌人心脏，进行重大破坏活动，随后会在敌后呼应主力部队的进攻，有尖刀部队的作战一方往往更容易取胜。在营销上，我们也应该如此排兵布阵。我们可以从众多产品中选择一款产品，将它设计成一把尖刀，快速有效地征服消费者，而不一定非要运用飞机大炮进行狂轰滥炸。有尖刀产品的企业往往更容易在市场上获胜，因为消费者更容易接受和喜欢有个性化的产品、高质量的产品以及更有情趣化的产品。尖刀效应产生的能量不仅可以节省更多广告费，同时也更能够征服消费者的心。

什么是尖刀效应

尖刀效应，是指企业面对竞争市场和特殊的消费群体而推出的一种针对性极强的攻击性产品，这类产品具有很强的杀伤力，它们具有以下特征：产品性能强、外观精美、使用便利、代表一个品类、独特的品牌名称、有质量区隔及与消费者有互动沟通，而消费者对其有独特的感觉等。

“尖刀”顾名思义就是一种能快速置人于死地的攻击性利器，它的特点就是短小锋利、携带方便，是近距离搏斗的有效武器。作为杀人于无形的尖刀，自古就成为杀手的必备武器。尖刀产品就是指企业通过对目标市场和消费人群购物习惯的深入观察而精心挑选、设计的一种攻击型产品，它的使命就是在市场冲锋陷阵，为企业后续产品的营销清除障碍，提供畅销机会。

看过关于古代战场影视剧的人都知道，古代军队与军队之间的开战，几乎都选择在开阔地界，两军对垒，各自排兵布阵。作战时，双方会挑选一名大将作为先锋战将，在阵前展开决战，后面的士兵严阵以待。当某一方的战将被对方的战将斩于马下时，战败一方的士兵方阵就会士气大落，从而被战胜的一方轻易攻入，最终战败。

尖刀产品就是企业进入市场竞争前，针对行业现状、竞争对手和消费者购物习惯等因素，精心挑选的一款在质量、功能功效、外观和使用等方面均优于行业和竞争对手的优秀产品。接着对其进行精心的包装策划，使其内在的品质和功能、功效等优势，能通过产品外表的包装和标贴清晰地展示在消费者面前，从而影响消费者的购买决策，成为行业最畅销的产品。

这样的产品如同一把锋利的匕首，只要消费者接触（视觉接触）尖刀产品，就能立刻被产品的锋芒所伤，成为产品的俘虏。通俗点说，就是产品在终端货架上（电商店铺陈列的产品包装效果），就能瞬间秒杀消费者从而产生购买冲动。尖刀产品通常不需要大量的广告促销，而是靠产品自身的策略力量形成销售，尖刀产品是真正的爆品。

当企业有多种产品进入市场时，尤其需要尖刀产品为其他产品开路；尖刀产品犹如军队中的特战队和敢死队，因为他们是为集团作战扫清障碍的。那么，如何才能将企业的产品设计成尖刀产品呢？

尖刀产品的设计方法

（1）卓越的产品硬件设计

产品硬件设计的卓越性是尖刀产品的基础。这个卓越至少有几个指标：一是产品的质量；二是功能、功效等各项性能指数要远远高于行业现有的产品；三是消费者在使用该产品时，比现有同类产品有明显的便利性。

苹果触摸屏智能手机的推出影响了全球手机行业的发展，并由此催生了智能手机的全新浪潮。消费者的体验也从原来各种繁琐的按键使用，转而进入更为简洁的手指触摸操作，从而成为全球智能手机的领先。

（2）极致的产品外观设计

极致的产品外观设计是指企业在设计产品外观时，充分考虑到目标人群的审美和未来的发展趋势，通过外观的形态、产品外层的材质、产品的外在结构和产品颜色等方面的创新，使产品具有其他产品所不具备的独特个性。在一定程度上，产品因为这样的完美设计而成了一件精美的工艺品，令消费者震撼并欣喜若狂。

上述两种属于产品研发部门的工作，需要研发人员依靠自身的技术力量和对未来市场敏锐的把握能力才能完成。对于技术力量薄弱的中小企业来说有点奢侈，毕竟不是所有的企业都有实力创建自己的产品研发中心。但不用着急，如果在技术上确实没有这么强大的力量，我们还可以通过营销策略的创新来设计尖刀产品。

（3）独特的产品类别创新

产品品类的基本属性，也是代表某一类产品的一种称谓，它具有一定的包容性内涵。譬如水果，泛指多汁且大多数有甜味可直接生吃的植物果实；而水果品类，则又细分为苹果、桃子、西瓜、葡萄和梨等子类别。营销中的产品品类是指企业的产品名称，最好能代表一类全新产品的开始。

有些产品属于跟随类别，类别名称也约定俗成，不容易更改，譬如苹果，你就不能再生造一个概念代替苹果。但有些创新的产品，则可以因为某些创新而刻意重新为产品创造一个新名称，如果这个全新的品类名称成立，那么消费者的品类联想就会对企业有益，一个新品类就会由此诞生。

当所有企业都把电子系统的门锁叫作电子锁、指纹锁和智能锁的时候，我却创造了可以感知到更强大安全感的“智能防暴锁”。于是，运用防暴锁警察做形象代言，招商、动销双轨突进，仅仅花了一年时间，一举从亏损2000万元到盈利4000多万元……

（4）性格族群彰显的品牌名称

现代市场营销的核心焦点是完全的消费者导向，“以消费者为中心”的口号其实早就在喊了，但我们就是无动于衷，或者根本就没有意识到。产品的品牌名称必须是消费者喜欢的和特别在意的，而不是企业自我意识的陶醉。

国内很多知名白酒品牌，是通过历史和持久的广告宣传，才形成的代表产品质量的品牌特指。但很遗憾，这些品牌并没有指明是哪类人喝的、有什么性格特征等，它们只有价格的不同。

青岛啤酒、哈尔滨啤酒和重庆啤酒，品牌名称都用地名；雪花、珠江、金星都是自然物和河流的名字，与消费者无关，是历史的产物；“豪男邦”啤酒则是性格男人的豪酒；“玩啤萌主”和“烈性小子”更是旗帜鲜明地成为“80后”“90后”互联网主力人群的性格品牌；后面两种品牌的酒瓶，拿在手里都能让人感受到喝酒的是什么人……

时尚吃货集中营的品牌叫“小卤之约”；瞄准互联网网民的卤味品牌名称叫“仙卤八部”；互联网休闲食品的品牌“任性的范爷”及“精灵十二餐”的秀餐面等，都是直接与消费者产生关系，并能引起消费者共鸣的品牌名称。如果我用“烈性小子”品牌与“江小白”竞争，谁能获胜？

当前饮料市场、矿泉水市场、休闲食品市场的品牌名称全都是传统名称，严重缺乏性格力量和族群彰显，消费者对它们没有任何的情感和崇拜。

（5）清晰的产品质量区隔

如果产品自身的属性名称无法修改，品牌名称也不愿意改变，那么，我们就要通过某些能代表产品全新质量的词汇概念来影响消费者对传统产品类别的认知。这就是在原有产品品类的前端，增加带有产品质量提示效果的品类名称，形成对竞争同行产品的有力区隔，同时也给消费者提供一个强大的购买理由。

电热水器的“热水器”三个字，我们一直找不到替代它的新概念。但对于全行业都在诉求的“安全”，则找到了更能让消费者清晰感知到的“安全感”，这就导致了有“防电墙”的电热水器诞生了。于是，销售额从 1.5 亿元到 30 亿元只用了 3 年时间。

抽油烟机产品的核心功能是吸走油烟，但哪个品牌油烟吸力强大则没有人知道。于是，“深附吸”旋流油烟机横空出世。销售额从 3000 万元到 2 亿元只花了 1 年时间。

××集团的鲜活鱼产品因为高质量和高价格，在成都一直打不开销路，产品只能进入有限的大型超市，销量大受影响。通过“独创生物链精养技术，360 度严控每一环节”的“全鲜链”优质健康鱼品的专利技术和区隔概念，轻松地向消费者传达了××鱼比野生鱼还要安全的概念，所以，价格更贵，并大做“普通鱼与全鲜链精养鱼熬汤效果大比拼”的终端促销，从而顺利打入久战不下的农贸市场……

防电墙、深附吸、纯真乳、纯园酿、全鲜链都属于在原产品类别的基础上添加前缀的新词汇概念，它们拥有同一种功能，就是能提示产品质量、工艺、技术或者产品原料等的与众不同。消费者从产品身上发现它们，就会产生联想，从而产生此产品必然比彼产品更好的概念认定。

市场营销的核心就是向消费者传递品牌和产品信息，信息的清晰度、精准度只是基本要求，更高的要求是营销信息能够改变消费者的感知效果，并促使其感性对待本品牌产品，这才是高层次的营销。

（6）共鸣的产品沟通语言

这个方式已经被很多企业感觉到了效用价值，所以有不少企业开始采用。××国际饮料巨头在罐身上印上了“如果爱，请深爱”的字样，并把品牌名称的英文字母，演绎成一个中文的“爱”字，开始愉悦消费者；而某国内白酒品牌外包装的各类调侃性词汇更是成为流行语。

在代表“90后”“吃货”力量的××卤味产品的包装上，我们直接上传了能让女性“吃货”产生共鸣的沟通语言：“别骗我，我对谎言过敏”“住在我心里辣么久，你付房租了吗?”“爱我，就带我走吧……”等标语，产品身上有与目标人群沟通并能产生共鸣的特殊语言，使得整个产品鲜活起来……

懂得让产品与目标人群沟通，说明你已经开始把消费者当回事了。但一个关键的问题是，你要将产品的性格设计的与目标人群的性格特征完全一致，然后才能精准地与他们产生互动式沟通，你的沟通语言才能产生效果——促使消费者对你的产品和品牌有独特的好感，从而冷落其他品牌的产品。

尖刀产品的价值

如果你能将上述六大策略集于一身，那么真正的尖刀产品——强大的“爆品”即刻诞生；如果使用了部分策略，也能让你的平庸产品脱颖而出。尖刀产品，说到底就是产品在进入市场以前，围绕着实体产品和虚体产品而进行的一系列针对性策略的创新。

如果我们把企业的整个营销活动一分为二，那么产品策略部分就是企业营销的前端，而渠道策略、品牌传播及促销策略则属于企业营销的后端；如果我们把100%的精力投入在前端的产品策略上，将产品设计得如同一把尖锐锋利的尖刀，那么首先就会吸引渠道商，传播促销就显的多余了。

无论你是资产上百亿上千亿的大集团，还是几百万收入的小企业，让自己的产品成为“锋利的尖刀”，是每个企业的梦想，也是必须要努力的战略行为。因为尖刀产品的能量不仅仅盘活了企业滞销的产品，带动了企业其他产品的销售，同时，还能在渠道、竞争、经济和品牌等领域发挥更大的作用。

渠道力量：尖刀产品不需要过多的宣传，就能快速吸引经销商的眼球而铺向全国市场。

竞争力量：尖刀产品即便混迹于行业几百种竞争产品之中，也能保持长盛不衰的销售态势。

价格力量：尖刀产品即便价格略高于竞争品牌的产品，也能让消费者欣然接受并坚信自己的选择。

经济力量：尖刀产品能给企业带来大量的收入增长，持续稳定的收入则是企业赖以生存的核心动力。

品牌力量：尖刀产品往往能带动一个企业或品牌的影响力，并为企业的其他产品带来销售帮助……

但很遗憾，当前中国的产品市场，90%是不具有尖刀力量的盾牌产品。那些整天叫嚣着自己是“爆品”专家的忽悠大师，其实根本不懂什么样的产品才能成为真正的“爆品”。所以，在此提醒你：当你拥有一个自以为良好的产品，想投入资金进行市场营销推广时，请先冷静地思考一下：我的产品具备“尖刀”的特征了吗？如果有，那恭喜你，你的品牌一定会成功。

当你的营销总监建议你投入费用进行广告传播时，你更要冷静地想一想：你的产品是尖刀产品吗？如果不是，那就先投入精力设计尖刀产品，然后再考虑品牌传播；如果你决定对一个没有任何杀伤力的盾牌产品投入巨资进行广告轰炸，那么对不起，请先做好惨败的打算，不是我吓唬你，你的全部心血极有可能会付之东流——不管是线下还是线上。

尖刀效应，是能让产品在众多同类产品中脱颖而出，并快速左右消费者购买决策的一种营销战术。但是，市场营销毕竟是一种系统的营销策略行为，在产品完善的基础上，还需要有一个战术让产品营销少走甚至不走弯路，那就是产品究竟进入哪个市场里参与竞争的问题。而这个问题的破解非市场位移策略不可。什么是市场位移？如何运作？请阅读营销怪招第十四式：位移效应。

第十四式

位移效应

少走弯路，产品进入市场前的战略选择

我最早知道位移概念是在1995年，当时我购买了一辆本田摩托车，而根据车辆使用规则，我每年都要去车辆管理所去校验车辆，而检验的环节很多，其中有一个检验项目叫前后轮定位校验。当时，我根据交警的指示，将摩托车推到一个有一条狭长凹槽的自动机械中，前后两个轮子被渐渐合拢的凹槽紧紧夹住，从前面的电子表中，可以清晰地看到一些数据，可惜我不懂。检验人员告诉我，这是校验前后轮有没有位移，也就是说，是不是在一条定位线上，如果发现位移则不合格，需要去修理厂矫正。这是我第一次听到定位和位移两个概念。而市场营销中的位移概念则是我的原创，它其实更像是一个产品进入市场前的慎重选择，每一个产品天生具有进入多个市场的可能，就看我们如何选择了。

位移效应，是指企业准备将产品推向市场时，先将产品针对各种可以进入的市场进行左右上下测试，以期为新产品找到一个更有利的市场。简单来说，位移就是指产品在各种市场之间的左右摆放和移动。

譬如一个具有弱碱性功能，又能播放MP3的智能水杯，就可以在多个市场里销售：家庭日用品市场、茶具市场、工艺品市场、小家电市场、保健用品市场、数码产品市场及礼品市场等。

根据各个市场间的位移特性，又分为市场与市场之间的平行式位移和创造性位移。如果说平行式位移是指将产品从甲市场转移到乙市场里销售，那么，创造性位移则是因为现有的所有市场都不适合，就为产品特意创造一个新市场出来。我们先来看看平行式位移的案例。

（1）平行式位移

从竞争角度来讲，位移是为了确定企业的产品究竟进入哪一个市场销售、跟哪些品牌竞争、选择哪类目标人群和客户合作的一种战略性变化。因为某些产品由于先天性原因可以在甲、乙、丙、丁等多个不同的市场里销售，但不同的市场其面对的竞争对手和目标人群，以及因此而带来的价格策略和传播策略的不同均会产生巨大的差异。

【案例1】 销售火热的××凉茶，一开始它跟广东所有的凉茶一样是以历史沿袭的“药品概念”进入“医药”市场的，所以它的产品是苦的，而苦的凉茶最好的销售渠道当然就是医药渠道和凉茶铺。医药市场的定位，使××凉茶面临四个非常棘手的销售障碍：

第一，口感苦涩。按照传统逻辑，良药苦口，所以凉茶苦涩难喝。

第二，市场太小。药，一般有病的人才会购买，健康的人不会喝。

第三，竞争性弱。真正有病的人感觉凉茶效果不明显，转而去买处方药，如牛黄解毒等下火药。

第四，终端限制。因为是药，所以它只能在药店和专业的凉茶铺销售。

后来××凉茶进入饮料市场。饮料市场必须遵守饮料行业的游戏规则，所以，××为了进入饮料市场对产品进行改造，使其能够在饮料市场产生更强的竞争力。

第一，口感转变。原来难喝的苦“药”，改成口感很好的甜味“饮料”。

第二，市场放大。原来是有病的人喝，现在男女老少都可以喝了。

第三，竞争性强。与碳酸饮料、果汁饮料、含乳饮料等同台竞争，但凉茶能下火，它们不能。

第四，终端增多。凉茶饮料可以进入一切可以进入的终端，包括超市、餐饮、学校。

一个华丽的转身，××凉茶成了中国唯一能与洋可乐竞争的本土饮料巨头。这是从甲到乙的“位移”策略，这么一个“位移”完全改变了凉茶的竞争态势，一下子从弱势转变为强势，而且在“饮料”行业里销售带有“医药”功能（下火）的“凉茶”，××凉茶是第一家。只是这个“位移”策略属于从已有市场（医药）到已有市场（饮料）的平行位移，无论是医药市场还是饮料市场，都有着相类似的产品和市场，唯一的不同就是产品和卖点：凉茶，能下火；冰红茶，能提神醒脑带来冰爽激情。

（2）创造性竞争位移

创造性竞争位移是指企业在现成的行业市场中无法找到合适的市场位置，甚至也没有足以细分的市场时所采取的一种创新策略。即将产品进一步优化改造和组合，然后创造一个从来没有过的市场，并进入这个市场，成为这个新市场的开拓者。

【案例2】 2010年我为国内一家卫浴企业做策划，这个企业的核心产品为水龙头和五金挂件。其生产的产品质量较高，市场零售价也高，造成销售障碍，企业的年销售额仅一个亿左右。如何帮助企业解决营销难题呢？

位移效应让我对企业的产品进行了思考：除了在卫浴市场里竞争，还有更好的新市场去竞争吗？卫浴产品通常以门店的形式在建材市场和卫浴专业市场里销售，每一个市场里都集中了很多品牌专卖店，所以，消费者进入市场选购产品时，必然会在众多品牌中进行选择，所有卫浴品牌的产品都是消费者挑选的目标。在这种状态下，跨国品牌和本土知名的品牌略占优势，一些不知名的品牌显然就只能打价格战。其次，在这样专业性很强的市场中，消费者一般需要产品了才会过来选择购买，平时是不会关注的。

什么情况下我们可以化被动为主动，让消费者不在众多品牌的选择中把淘汰我们的产品？即便是不需要产品时也能关注到我们的产品并产生冲动性购买呢？只有一个方法，那就是把我们的产品放置到一个新的市场中，并成为这个市场中的第一或者独特概念。由此“闪亮生活”时尚金属专卖店应运而生。

“闪亮生活”专卖店主营产品：浴室金属挂件、厨房金属用品和其它，如衣架、书架等一切以闪亮金属为材料的日常金属生活用品。专卖店规模与“谭木匠”近似，店址均选择在步行街、商业中心区和大型高档社区。专卖店将在全国进行连锁加盟，单店项目投资20万元，适合一些想投资时尚行业的投资者。计划第一年在全国开设100家新店。

“闪亮生活”时尚金属专卖店的诞生，使A企业的产品从传统的“卫浴市场”一跃进入“时尚品市场”，产品的能见度提高。核心产品没有变化，只是因为跳出传统市场而增加了更多的产品，譬如“唱片架”“手机架”“水果篮”“洗菜蓝”“蒸菜架”“衣架”“衣帽钩”等灵巧的小产品，这些产品成为日常生活的必需品，足以支撑一个专卖店的盈利能力，这是一个真正的“蓝海”市场。

当同一个产品具备了在不同的市场里销售的功能时，企业可以考虑转换市场，如果多个类别市场都不能快速让产品销售成功，则要考虑创造一个新的市场。检测是不是有作为新市场的标准，主要看产品放进市场之后是不是会成为第一？如果是，那就正确；如果不是，则需要进一步考证其做法的可行性和成功率。

【案例3】 学习机行业是一个目前正逐步衰弱的夕阳行业，2006年行业总盘子暴涨到400多个亿，生产企业500多家，如今，行业总量大幅度缩水，仅有40个亿的市场。此时，我签署了一家企业的合作。

经过一个月的市场调查和分析之后发现，客户的学习机在课程设置和学生学习方法上有了重大突破，从单纯填鸭式的“学习”转变为以兴趣式的“辅导”为重点。这样一款先进有效的学习机如果直接放入现有以广告为主要推广方式的“学习机”市场里，我们凭什么取胜？

虽然我将品牌名称改为“皇家助教”，又增加了区隔概念“辅习机”，但我的思考并没有停止：学习机市场总量才40个亿，而且参与竞争的企业太多，没有油水了。我们何不进入更大的培训辅导市场？手握“皇家KEC教育秘法”和“皇家助教辅习机”两大利器，杀入一个有“3000亿元的培训辅导市场”，彻底甩开“40亿元小市场”。

由此，我的学习机策划案产生了一个根本性的转折——凭“皇家助教辅习机”和“皇家KEC辅导课”进行双剑合璧式市场运作，由机器销售引发课程兴趣，再由课程辅导产生产品销售，真是一箭双雕。

对于企业来说，本来只是销售机器的单项盈利模式，现在又增加了辅导课的收入（“KEC辅导课”面向学生家长，采取收费模式运行），从而完成了企业战略高度的盈利模式转型。

位移策略的操作

位移策略是我在破局营销理论的基础上，通过横向思维延伸，进行创造性破局的方法创造出来的企业营销新策略。

位移不是简单地把你的产品从传统的行业市场里搬到另一个新市场里，而是要充分了解行业市场的发展规律，并对照自身产品和企业实力在传统市场里竞争的优劣势，然后再把握消费者需求的前提下转换新市场。

所以，位移更应该是企业的一个战略行为，应该是在严谨的市场调查分析的基础上，对自身产品所面临的竞争环境进行一个竞争模式的转换策略。它关注的焦点：一是市场有多大；二是面临对手的强弱；三是自身优势是否明显；四是成功是不是相对容易。所以企业操作位移策略时必须注意以下几点：

（1）传统市场饱和度：考量这个市场的发展还有没有潜力？

（2）传统市场的优势：与竞争对手相比，自己的产品优势明显不明显？

（3）竞争对手的强弱：在传统市场里竞争对手究竟有多强？打败它们的可能性有多大？

（4）新市场容量大小：这个新开发的市场够不够大？能不能支持企业的长远发展？

（5）竞争壁垒和优势：若其他传统对手进入新市场，我们是否有应对的能力？是否有狙击的可能性？

（6）渠道的控制能力：新市场中的新型渠道商的运作能力和传统渠道商的转变成本有多高？

（7）消费者的接受度：新市场面临新的消费者，新市场消费者的消费能力如何？

（8）企业自身驾驭力：转换新市场后，企业的整体格局有多大变化？驾驭能力如何？

所以，企业在上一个新产品项目前，必须要进行深入细致的位移策略模拟。不要产品一出来，就先入为主地将其放到传统的行业市场里销售。很多产品进入市场以后销售不佳甚至遭遇滑铁卢，极有可能就是市场选择不正确，这个时候就有必要运用竞争位移策略重新策划。

位移效应，是任何一个产品策划项目开始时必须要进行的第一步策略，因为选择不同的市场，其产品的相应策略也会改变，如产品名称、产品概念、类别概念等会因此有所不同，当然后续的渠道策略和传播策略更是会相差很大。所以，如果这个策略缺失或者不准确，那么后续很多的创意努力和传播投入就有可能付之东流。

掌握位移效应，就能为企业的市场营销降低风险，同时极有可能开发出全新的蓝海市场。所以，任何企业的任何产品，必须要运用位移策略进行大胆的尝试和探索，直到找到利益最大化的策略为止。

当我们拥有了独特品类，也把自己的产品设计成了“尖刀”，也已经正确选择了进入竞争的市场，接下来就可以在市场中大有作为了吗？且慢！别自以为是，因为我们还忽略了一个问题，那就是我们与谁竞争的问题。如果这个市场里已经有了强势品牌，而你仅仅是一个刚进入市场的不知名的小品牌，你又该如何竞争？你凭什么打败对手呢？营销怪招第十五式的裸战效应，会告诉你一种更有效的竞争方法。

第十五式
裸战效应

置之死地而后生，以弱胜强的营销断杀

裸战，是我在运用横向思维创新方法进行各项营销策略设计过程中，或者说进行营销实战的过程中发现的一个有效战术。这绝对是与传统营销理论不同的一个全新观点。因为当一个企业的品牌尚不具有一定的知名度和美誉度的时候，它的竞争力是相当薄弱的，这么薄弱的品牌与强势的品牌竞争，绝对不会有好的结果。这就是我思考的焦点，弱势的品牌如何才能反败为胜，最终战胜强势品牌呢？通过重新设计游戏规则，脱去强势品牌赖以成功的华丽外衣，在某种程度上与我们平起平坐，展开平等的较量。对于弱势企业和品牌来说，这个战术运用得好就能为自己赢得市场先机。

裸战，是指两个男人之间的赤膊决斗，双方完全凭借各自的体能和智慧（巧力）进行徒手格斗，没有兵器，也没有外衣，是一种纯粹的力量角逐。营销上是指，企业完全脱去品牌的外衣，单凭产品自身的力量和巧劲，与对手在终端货架进行较量，并战胜对手的一种营销怪招，这就是我原创于 2002 年的徒手营销战术。

由于受传统的逻辑思维影响，大部分人都凭借传统的逻辑思维处理生活和工作，习惯于尊崇前人的理论，自身没有创新意识和勇气。在营销上，我们绝对会照搬营销理论中关于品牌的说教。譬如企业制胜的法宝是品牌，于是，企业纷纷把营销费用耗费在品牌塑造上，尤其是那些中小型企业，以为这样模仿大品牌的品牌营销方法，就可以将自己塑造成未来的大品牌。

当我们看到娃哈哈等品牌在饮料行业成功时，一些小企业的新品牌就会学习他们的做法，学习他们如何塑造品牌、如何进行品牌的整合传播。甚至请来品牌策划专家或者定位专家，来为品牌进行设计，以为企业只要有了这样的品牌，就有了发展前途。

有了这样的品牌战略思路，中小型企业就开始往品牌上砸钱，做定位、投广告、玩促销，以为只要不断地投入品牌传播就能战胜竞争对手的品牌或者行业强势品牌，得到消费者的青睐。但成功者寥寥无几，最终知名品牌依然销量第一，自己投入很多的品牌依旧不被消费者认可。

为什么会这样呢？在设计破解策略之前，我先把消费品市场的品牌竞争态势做一个形象的比喻。假设品牌就是披在产品身上的外衣，那么知名品牌或者强势品牌的外衣绝对是一件金光闪闪的铠甲，它有非常醒目的符号效应，只要它一出场，现场的观众（消费者）就会认出它、信任它甚至支持它。

而中小型企业的新品牌或者弱势品牌的产品身上，虽然看上去也有一件外衣，但遗憾的是这件外衣只是一件普通的布衣，而且外衣上没有任何可以产生价值的记忆符号，消费者对它们的感知是零。无论他们如何描述这件外衣（品牌）多么好，消费者依旧对这件粗布外衣不感兴趣，或者根本不信任它们。

也就是说，穿着粗布外衣的产品，即便这个产品的质量比知名品牌的产品质量好很多，甚至价格也可能便宜很多，但消费者依然不愿意相信它，他们只会相信那件闪闪发光、有着特殊符号标记的金色外衣。当市场面临这种境况的时候，新品牌或者弱势品牌一出场就已经输了。

这是一个鲜有专家注重并深入研究的领域，不巧被我发现，并一头扎进去，开始研究破局之策。我分析和思考的结果是，中小型企业的新品牌或者弱势品牌与强势品牌的竞争，如果只是聚焦在品牌层面，至少在10年之内是没有任何胜算的，尤其是行业中已经有强势品牌占据要位时。

弱势企业为什么还在义无反顾地“玩品牌”呢？这是因为企业家认为，企业发展品牌才是王道和未来，在品牌上投入资金做一些传播是必需的也是正确的。

于是，越来越多的中小型企业大做品牌广告和品牌定位，以为如此一来就可以与强势品牌抗衡。直到今天还有不少企业在傻傻地投入巨资，为自己的粗布外衣镌刻深深的符号印记，还美其名曰“超级符号”就是超级创意。

那么，真正有效的破局策略是什么呢？我认为，新品牌或弱势品牌与强势品牌竞争时，要避开对手的锋芒，也就是说不能将竞争的力量聚焦到品牌层面，要将竞争的焦点转移到产品身上，也就是说我们要脱掉品牌这件外衣，同时也剥去竞争对手的金色品牌外衣，进行赤身肉搏。

大家应该很容易明白这个观点，当大家都不穿衣服了，就会处于相对公平的境地，因为脱下外衣，大家的目光就只能看到肉体（产品），这时肌肉就成为焦点。这样一来，强势品牌身上失去了金色外衣上的符号，也就失去了作用，接下来就是产品对产品了。

脱去品牌外衣，意味着必须靠你的产品力与对手的产品力决斗，而消费者的目光也会因此聚焦到产品身上。脱去品牌外衣的产品是什么样的呢？就是产品硬件（质量、外观、功能）必须要比对手的产品更好。同样是电热水器，海尔、西门子和阿里斯顿绝对不在一个层次上。所以，产品要尽量秀出自己强大的肌肉。

产品肌肉之一：产品独特的品类名称和质量区隔。要让消费者一眼就能感觉到这个产品的独特之处，以及其他产品不具备的优势。譬如海尔电热水器拥有“防电墙”功能，而其他电热水器产品都没有，消费者就会认为拥有“防电墙”的热水器更安全，从而产生购买欲望。

消费者会因为产品身上的独特符号和技术质量暗示而重新审视产品，

以及产品的生产企业和品牌。如同“防电墙”热水器是海尔品牌的；“高精镀”的水龙头是希恩卫浴的；“纯鲜卤”的鸭脖是小卤之约的；“深附吸”的抽油烟机是格林格的；“全真教”的学习机是学之友的……这些独特的符号，带有明显的技术和质量优秀暗示，消费者只要拿起强势品牌的产品一比较，谁更厉害立见分晓。

消费者在接受一个新产品时，都会很认真地查看产品，如果我们的产品上没有鲜明的质量区隔概念，消费者看不出该产品与其他产品有什么本质的不同之处，他们就不会对我们的产品产生兴趣。相反，你有的竞争对手没有的时候，消费者就会相信，拥有明显质量区隔概念的产品，质量应该更好，因为它们的技术看上去要比其它品牌强大并且先进得多。

产品肌肉之二：根据消费者的性格特征，在产品上设计能与消费者进行愉悦沟通的感性信息或图案，以便与消费者产生共鸣。因为，当下99%以上的企业产品身上都是客观的标配信息，消费者认为产品没有特别的地方。

什么是标配信息？就是产品包装上的各种信息都是客观标准信息，譬如原料、成分、名称、生产企业、品牌名称、地址等，尤其是强势品牌，因为过于自信，很少会为消费者改变。

如果中小型企业的新品牌和弱势品牌的产品与强势品牌和知名品牌一样，都只有标配信息，既没有品类和质量区隔，又没有感性信息，严重同质化，金色的品牌外衣发生作用，那么强势品牌的品牌名称和符号就占了上风，而弱势品牌及其粗布外衣就会处于下风。

感性信息是指在设计产品外观时，可以留下一句或一段能让目标人群产生共鸣的沟通语言，可以是俏皮和幽默的，也可以是彰显性格的。譬如在“小卤之约”包装上，我们就印上了“住在我心里这么久，你付房租了吗”“别骗我，我对谎言过敏”“爱我，就带我走”等能让目标人群产生共鸣的语言，再加上符合“吃货”特征的包装，绝对会在第一时间吸引大家的眼球。

我在说这些观点的时候有一个前提，那就是企业产品的目标消费人群很清晰，譬如针对女性消费者的，就在产品身上写上几句能让女性消费者产生共鸣的智慧语言；如果是男性消费者，那就要创作几句能让男性消费者产生共鸣、与他们密切相关的各种生活情感乃至日常事业中的共鸣点。

产品肌肉之三：更有趣的设计。这个设计不是指产品外观，而是指产品标签上所传递的信息中，能否增加一种与目标消费群的性格情趣吻合的元素，或者说带有某种族群性格的符号，以增强消费人群对此产品的依赖感。

2016 年，我在一款全新的醋饮产品上开发出一个让青年男女“赌”爱情的测试游戏，即在瓶盖上安装一个陀螺，上面有“爱”“不爱”，以及“合”“不合”的字样，当陀螺旋转停止，箭头指向哪里，那个结果就是测试的结果。其次，产品还分为男女两种包装，但每一个包装上都有各自独立的星座和星座吻合指数，青年男女只要各自买一瓶饮料，揭开星座标签，就能测试两人之间的星座性格是否吻合，吻合的具体指数是多少，从而为他们的爱情带来“命运”般的情趣测试，产品也就成了一个有趣的爱情玩具。

如果你的产品身上缺乏让消费者能够感知到的优质信息、区隔符号和情趣元素，你花在品牌上的传播投入就会失效；如果你的产品身上缺乏能让消费者感兴趣的沟通信息，消费者对你的产品就不会有感觉。所以，弱势品牌的新产品营销，策略的核心是忘记品牌，要聚焦产品，绝对不能让自己一点品牌基础都没有的新品牌与已经拥有强大知名度的强势品牌，在品牌层面上正面竞争。

所以，新品牌或者弱势品牌想战胜强势品牌，必须率先脱掉大品牌的金色外衣，因为那正是它们的优势。当你拿自己的产品与强势对手的产品竞争时，等于大家都没有衣服了，如同两个赤身裸体的战将，观众都不知道谁是谁了。这时候产品力就有了表现的舞台。

这等于是一个习惯于使用武器的人与一个喜欢徒手应战的人格斗，但游戏规则要求大家都不带武器，这时善于徒手格斗的人就会战胜习惯依赖武器的人。

所以，弱势品牌要将企业的营销焦点锁定在产品领域。产品质量比强势对手的产品好，且要通过质量区隔符号告诉消费者自身的优势，同时用感性的沟通方式吸引消费者。而在传播上，绝对不能提品牌名称，只能去强调产品本身，如质量独特的、外观别致的、信息有趣的、特别懂消费者的……

当你的品牌知名度处于行业底层时，千万不要把资源投到品牌上，而要把营销的力量全部集中到产品上。只要将产品做出强大的性感指数，就不怕吸引不到消费者。当我们的产品销量快速增长时，产品身上自带的品牌名称会越来越深刻地留在消费者的心目中……

裸战效应完全是一个颠覆传统营销理论和定位理论的营销怪招，它毫无理由，但绝对奏效。因为一个企业要想提高自己的品牌知名度和美誉度，那是需要一笔庞大的营销费用和几年漫长的时间积累的。只有剑走偏锋的裸战效应才能颠覆这个传统逻辑。此外，企业营销中还有一种更强大的创新战术可以让我们走捷径，甚至完全颠覆行业传统的运作方法，创造更强大的盈利来源。这就是我们即将阅读的第十六个营销怪招：模式效应。

第十六式

模式效应

颠覆传统和跨界掠夺的营销绝杀

随着互联网技术的发展和电子商务的实践运用，尤其是2013年至2014年，“互联网思维”“互联网+”“O2O”和“互联网转型”等概念的热炒，不少来源于互联网公司的专家和大师开始鼓吹用互联网重新设计商业模式。在他们的概念中，只要你运用了互联网，就等于改变了传统的商业模式。其实，这种说法是站不住脚的，尽管我承认互联网技术本身也增加了企业各种创新的可能性，但归根结底，创新是需要方法的，不是仅凭一个互联网工具就可以完成的，尤其是涉及商业模式的创新，更需要一定的创造性思维的帮助。从未研究过商业模式，但在实际的营销策划中由于运用了横向思维创新技能，策划过程中往往会产生副产品，即在完成产品营销的过程中，还会涉及商业模式的创新，给服务的企业以全新的战略思考。

商业模式创新，是指企业结合自身经营现状和未来发展需求，针对行业诞生至今的历史沿袭弊端，以及未被消费者满足的痛点等进行未来式思考，运用横向思维创新手法，以惠及消费者、使用者和行业发展为前提进行颠覆传统，创造更适合企业发展和行业发展的商业模式的一种创新活动。

众所周知，任何一种商业模式从最初的诞生到运行至今的发展过程中，都会存在缺陷，也就是说，没有一种商业模式是十全十美的。有的商业模式在运行过程中，历经多家企业的创新才逐步完善，从而成为整个行业的集体模式。

在谈及模式效应之前，我们有必要对模式、商业模式和盈利模式这三个概念进行一个界定，以免混淆概念，造成理解上的偏差。首先，“模式”是一种可以重复的、由A必然到B的运行过程，譬如水渠、公路、跑道、河流、流水线设备和某种生产工艺等。

关于商业模式，我在百度百科上找到这样一段解释：商业模式是一个企业满足消费者需求的系统，这个系统组织管理企业的各种资源（资金、原材料、人力资源、作业方式、销售方式、信息、品牌和知识产权、企业所处的环境、创新力，又称输入变量），形成能够提供消费者无法自力而必须购买的产品和服务（输出变量），因而具有自己能复制但不被别人复制的特性。

而盈利模式的解释简单却又让人费解：盈利模式是对企业经营要素进行价值识别和管理，在经营要素中找到盈利机会，即探求企业利润来源、生产过程及产出方式的系统方法。还有观点认为，它是企业通过自身及相关利益者资源的整合形成的一种实现价值创造、价值获取、利益分配的组织机制及商业架构。

简单地说，商业模式就是一种企业生存和持续发展的运行模式；而盈利模式则是指企业商业模式中最核心的利润来源方式。譬如家具行业的商业模式是企业采购木料，运用自己的生产设备和制作工艺生产出家具产品，然后通过进入家具卖场销售给消费者，最终获取利润的一种模式；销售产品带来的收入，则成为企业唯一扣除生产成本之后的利润来源。

中国第一批互联网企业都是以内容吸引流量，然后吸引厂商在网站做广告的简单盈利模式，随后出现提供搜索引擎类的百度模式及阿里巴巴的电商模式，每一个互联网企业的盈利模式都有所不同，这是由它们的商业模式决定的。

独特的商业模式成了企业的核心竞争力。通常有野心的企业都会思考如何突破当前的商业模式，创造令竞争对手无法模仿的新商业模式。在互联网时代，商业模式的创新成为可能。譬如众筹模式，因为有了互联网才得以风靡，而现在的互联网金融的 P2P 模式更是成为很多企业的救命稻草。

商业模式创新与其他创新一样，照搬和模仿不可能诞生全新的商业模式，如果你能驾驭横向思维创新技能，那么商业模式的创新就变得简单和容易，尤其是当前很多的传统行业，充斥着被新商业模式颠覆的可能。因为按照我的分析，一个诞生 10 年以上的行业都存在被颠覆的可能，只要有人敢想敢做。根据我的创新经验，商业模式创新至少存在以下四种方式。

第一种商业模式创新方法：颠覆型

2015 年，一家专门帮助企业做宣传片的小型影视公司与我们公司合作，希望我们能提供一种新的营销方法。经过调查，我发现这个行业有多个明显的痛点：企业只对宣传片的价格敏感，都找熟悉的公司；企业有需求了才通过各种渠道找影视公司；片子只针对相关企业和人士，其他人没兴趣看，传播价值有限；影视公司做完一单业务，这个客户很少会再有类似的业务；拍摄时摆拍很多……

我还发现，影视公司的业务模式与广告媒体公司广告业务员招揽业务模式一样，落后又传统。我通过对宣传片类影视公司的运作模式和企业对宣传片的用途及寻找此类影视公司的常规方法的分析获得灵感，决定对影视公司的服务进行调整，并增加一些令客户意外的增值服务，帮助企业提升宣传片的传播价值。

首先，我改变了影视公司被动接单的传统做法，主动出击，以自己的专业能力给企业做年度影视战略规划，并提供免费的随叫随到的现场实况摄像服务，保留企业最珍贵的原始影像资料，为后续的企业宣传片保留真实素材。

其次，对传统宣传片的表现手法进行创新，创造一种能让不相关的人也喜欢观赏企业宣传片的新拍摄方法，从而提升宣传片的传播价值。为企业提供增值服务，包括增加宣传片的传播平台和影视平台的免费播出，以及人气网站的宣传片推荐等。

在做好专业领域的基础创新之后，我又改变了影视公司单纯收取片子拍摄费的盈利模式，改为拓展企业会员，收取会员会费、影视拍摄费、素材保管费和其他城市品牌连锁加盟的加盟费等多种利润来源的全新盈利模式。通过对宣传片的拍摄方式、表达方式、观赏效果和传播价值进行创新，大大吸引了企业客户与之合作。

影视公司的商业模式也从单纯的“影视片接单—找导演拍摄—提交客户—收取费用”的简单模式，创新成由互联网连接全国各地有摄像机的单位和个人，中央呼叫中心提供即时客户需求服务，连接下游影视平台、网站和企业联盟网站实现资源共享，并整合全国各地独立影视公司形成影视联盟的会员制和连锁加盟商业模式。

这是对行业的传统运作模式进行反思，通过消除行业现行运作弊端、降低单品价格、提供增值服务、创新片子拍摄方式、加强与企业客户的长久服务依赖，使客户经常产生服务需求的一种行业创新，从而完成影视行业全新游戏规则的制定，并购全国各地的影视机构，整合成影视“航空母舰”，产生了爆发式业务增长的新商业模式。

下面的案例完全是基于解决消费者和加盟商两个相关者现存的痛点而产生的创新思维。将一家原来只是以鸭脖为核心的酱卤制品连锁企业，通过跨界整合，催生了一个全新的怪业态——“吃货集中营”，企业也由原来的单一盈利模式转变为入口式平台型企业。

第二种商业模式创新方法：跨界型

湖南长沙××食品公司，原来是一家传统的卤味公司，以连锁专卖的形式销售自己生产的卤制品。我接受这个案子之后，就想了两个问题：一是市场上已经有绝味、周黑鸭等多个卤味品牌，消费者凭什么喜欢××呢？二是加盟商凭什么非要加盟××不可呢？

这个项目前期产品包装策划之后，免不了要涉及门店的招商加盟工作。我就站在加盟商的立场思考，加盟一家卤味店铺的资金投入大概是30万元，而且这个投入大概需要1～2年的时间才能收回。有什么方法可以让加盟商当年甚至几个月就能收回投资呢？

我在观察消费者购买鸭脖的习惯时，发现了一个有趣的现象，即购买鸭脖当零食吃的大部分是青年女性，她们在吃完鸭脖之后喜欢购买一杯奶茶、果汁饮料，或者吃一个冰淇淋，大概是鸭脖太油腻要用饮料解腻……

于是一个大胆的想法浮现出来了：能否将与鸭脖有关的又是女性喜欢的休闲食品一起整合到这家公司的卤味专卖店里呢？同时为消费者增加在店铺内休闲小坐的时尚座位，这样既方便了消费者，又给加盟商创造了更多的产品销售利润，这不是一举多得的好机会吗？

于是，一个品牌名叫“小卤之约”的“吃货集中营”店铺模式诞生了。在“吃货集中营”里，除了各种美味的休闲卤味外，还增加了奶茶、果汁、可乐、冰淇淋等饮品和果冻、红枣、瓜子、巧克力等休闲美食产品，真正把女性喜欢的食品整合到了一起。

创新的结果是加盟商觉得有新意，同时不觉得加盟费贵了，因为产品多了，收益更多。店铺的流量也增加了，本来只是卤味，现在冰淇淋和饮料一起加入，吸引了更多消费者。更重要的是店铺的经营风险大大降低：夏天卤味是淡季，而冰淇淋、奶茶和果汁却是旺季；冬天冰淇淋、果汁是淡季，但卤味和热奶茶是旺季……

对于企业来说，原来是单纯地生产卤味，然后通过门店销售获取利润，现在却变成了多种利润的入口模式。企业负责拓展品牌门店，输送卤味产品，而饮料、冰淇淋等其它产品则由厂家的分支销售机构就地直接供应，企业收取一定的利润。而“小卤之约”“吃货集中营”门店，未来会有更多适合女性的休闲美食产品进入……

“小卤之约”以时尚休闲风格和互联网性格运作专属的女性“吃货”品牌，大量引进女性喜爱的休闲美食和休闲饮品。它已经跳出了原来的竞争模式，卤味单品店、奶茶单品店、果汁单品店、冰淇淋单品店都会感受到它的跨界压力，同时它又具备了咖啡店的各种功能，会吸引越来越多的女性消费者……

第三种商业模式创新方法：整合型

2017年，我又将商业模式的触角伸入传统的家具行业，因为我比较熟悉这个行业。这个行业企业7万多家，产品销售模式单一，行业领军品牌少，每个品牌都有一定的消费者群；而消费者对家具品牌了解甚少，焦点都放在产品的木材质量和家具的款式上，根本不在意品牌。

这两个鲜明的行业痛点让我顿悟了家具行业可以被颠覆的创新构想：

一是家具企业都是一锤子买卖，一个消费者购买一套家具之后，基本没有了再服务的可能，至少要等待十年八年。再次需要购买家具时，这个消费者依然会选择原来的家具品牌吗？不太可能！

二是消费者购买了家具产品之后，需要十年八年的陪伴使用，中间很少有更新的可能，因为家具是大宗商品，一次性投入较大，购买时非常理性。对于一个对美和实用价值有更高需求的消费者来说，一套家具常年不能变化，不能不说是一种痛点。

什么情况下消费者可以随意变换家具款式？甚至花很少的钱就能体验昂贵的红木家具呢？什么情况下企业能永久地与消费者保持联系，并且能够持续不断地为他们提供服务呢？只有一种方式可以，那就是家具租赁。

家具租赁意味着企业没有必要开设家具工厂，也不需要依靠家具卖场，轻装上阵，以商业模式和品牌的力量进行整合，创建一个互联网家具租赁平台，在全国各地就近整合当地家具生产企业和卖场，将卖场变为家具租赁体验馆，将整合进来的生产企业变为家具维护、保养和维修企业。

家具租赁启用实名制身份证注册，全部实行会员制。每一个会员必须提供不同等级的会员管理费用，以信用指数设为三个等级。A 级客户租赁家具无需押金，租赁费用更优惠；B 级会员只需提供一半的押金就可以租赁各种款式的家具；C 级会员则需要提交足额的押金才可以租赁家具。

家具租赁也给消费者带来极大的便利和惊喜，原来价格数百万元的全套红木家具，现在只要支付很少的租赁费用就可以体验它们的韵味了；那些时尚小资们，则可以不时地发现好家具，及时更新调换，保持时代的步伐和居室的新颖性。

至于收入较低的人群，则可以租赁二手家具或是租赁部分实用家具，无需整套租赁，这样就可以把大宗的投资省下来，用到更需要的地方去。而家具损坏、偷偷变卖等，因为租赁品牌的崛起，会在渠道端进行堵塞，如在家具上刻上品牌标签和编号等。

不管家具租赁可不可行，它都是一种家具行业的创新，而创新总是会有各种预料不到的执行难度。但是房屋有租赁、汽车有租赁、高级珠宝业也有租赁，家具租赁难道就不行吗？如果行得通，那么简单想一下，家具行业几万家企业，有多少会倒闭转行？

第四种商业模式创新方法：中间型

2016 年 5 月，我与中国美容专业线巨头广州 ×× 美容化妆品公司达成合作，帮助企业进行美容“互联网 +”的 APP 觅客平台营销推广，并协助该企业进行战略转型设计。

接下案子以后，我用半个多月的时间，对美容化妆品涉及的相关利益者，如女性、化妆品厂商、美容院老板娘、美容技师等进行了深入的市场调查，随后开始分析和逻辑思考：觉得当前中国本土的性格化妆品品牌缺失，美女们只喜欢“崇洋媚外”。

针对这个层面，我直接设计了两个本土化妆品的性格品牌来弥补。针对APP的推广，比肩陌陌进行推广、吸引眼球的同时，可以快速提升觅客平台的知名度。在完成常规的策略设计之后，我又开始了更为宽广的横向思考：美容行业是目前所有产业中唯一有女性特征的，而其他行业均没有这个特征，能否对此进行破局呢？

于是，在完成了各个环节的了解和相关痛点的探索后，最终创造了全球第一个女性尊享的消费联盟，并创意了一个中间品牌名称来显示这个组织的性别。这个中间品牌将分别往上下游两端发力。

一是女性消费者，通过设置有一定门槛的会员收费制度，招纳有消费能力的女性。会员有三种级别：女王为A级，年费5000元；公主为B级，年费为3000元；郡主为C级，年费为1000元。联盟组织将为不同级别的会员提供尊贵服务：酒店女性专属区、餐饮女性尊享区、商场尊贵区、女性专属旅行安全区，以及各种围绕女性需求而设计的尊贵享受和消费折扣，譬如女性会员可以免费享受全国各地酒店和美容院的三小时午休等。

二是向各类型的商家发力，以超强消费能力的女性群体为核心，吸引各商家与我们合作。合作的商户会在醒目处挂上我们的联盟品牌标志，提醒女性会员该商户可以享受级别特权。

企业牢牢掌控两端的资源和力量，帮助两端获得各自的利益：女性会员获得了从未获得过的消费尊重、安全和优惠；商户获得了庞大的流量。企业就此凭两端形成的势能大赚特赚，这就是中间品牌模式。

企业掌握了商户到女性消费群体两端，就可以在会员会费收入和商户提成收益之外获得更多利润来源。譬如为女性会员提供专属产品而获得利润；群体规模成型以后，还可以形成商户广告收益；而当联盟拥有百万千万级会员数量时，更多的利润来源会给企业带来更多惊喜。

这就是我常说的，企业客户需要一块面包，我在给了面包之后，还提供了一个粮仓和餐厅，甚至还向客户提供一个永远不再饥饿的方法。广州××公司的策划项目，我一共提供了五套策划方案，其中四套方案客户非常喜欢。这就是我与行业其他策划公司的本质区别。

第五种商业模式创新方法：生态型

2015 年，我在策划一个太阳能电站产品的时候，因为有了互联网这个工具，开始了更为大胆的商业模式创新思考。太阳能电站是有环保意识的企业和个人才会选择的一种公益性很强的产品，由于习惯和观念问题，这个产品在实际的推广中困难重重。

另一个原因是这类产品的后续服务性很强，有强大的客户黏性。我当时将使用这个产品的企业和个人定位为成功者，他们的特征是有社会责任感、环保意识强、财务自由、品德修养较高。能不能将产品销售嵌入某种社会规范？能不能将产品的销售功利隐藏起来，甚至以非常低的价格半卖半送给目标人群，然后通过安装购买这类产品，给予他们一种明显的社会地位显示，让他们的消费行为获得全社会的敬仰？

根据这样的横向思维，我找到了一个类似于自然部落的生态圈模式。我的做法是这样的；将率先消费使用环保类产品（不仅是太阳能电站）的企业和个人，以免会员费的优惠，让他们进入我们的生态圈——驭天者联盟（强者俱乐部），享受联盟成员的各种优厚待遇。

然后，以苛刻的条件进行甄选，将符合条件的企业和个人逐步纳入联盟中。所谓的条件首先是环保意识和社会责任感，其次是专业和擅长的互补性。譬如生态圈内的企业产品不能有重叠，也就是说各类产品只进入一种。10 万会员的圈子中，只有独家律师楼、独家营销策划公司、独家平面设计公司、独家水果提供商、独家生鲜提供商、独家休闲食品提供商、独家酒水提供商、独家餐厅、独家咖啡供应商、独家花卉供应商、独家粮食供应商和独家饮用水供应商等。

如同创建了一个闭环的社会，这个社会里的生活元素全部由内部供应，企业首先面对内部的消费者，产品都是自我消耗，没有任何外来力量的干预。随着这个社会的不断壮大，内部的消耗量越来越大，就可以适当地将独家变为两家或者三家，以满足社会内部的各项供应。

盟主就是掌握这个社会的首脑部门，他们不断地给会员施以利益，引进各类会员，同时又通过检查审核，引进各类产品和服务供应商，使得这个社会越来越强大，优惠待遇也越来越高，吸引了更多的企业和个人加入。

盟主的收费模式有三种：每年收取的会员年费、引进产品时的销售提成、会员与会员之间的交易费用，然后才是自己产品销售的收入（联盟成员将优惠获得一套高质量的太阳能电站产品）等。至此，我们非常明白，这样一个类似于平台的生态社团诞生了。当每一个会员享受到非会员享受不到的尊贵待遇时，想进入的个人和企业就会越来越多。而这个模式本身，就像一个越滚越大的雪球，源源不断地滚来的却是利润……

我在前面已经说了，任何行业都存在被新商业模式颠覆的可能，只要你跳出传统的逻辑思考，进入横向思维中，并且巧妙地运用商业模式创新工具，或许一种全新的商业模式就被你创造出来了。因为有了互联网这个超级工具，很多原来看起来不可能的模式，现在都可以成为现实。

这些方法可以帮到你：通过对行业传统运作模式的思考，然后剔除掉可有可无的服务，减弱消费者不在意的环节，减少消费者的烦恼，增加消费者惊喜的价值，加强对行业有利的地方，以及提供更低廉的费用和增值服务等。如此一思考，一种全新的商业模式雏形基本就出现在你的脑海里了。

模式效应说穿了就是一种商业模式创新的招数，同时也提出了几种商业模式的创新方法。在互联网时代的今天，商业模式越来越被企业重视。但我遗憾地告诉大家，商业模式的创新在逻辑思维中是很难完成的，它的创新更多是依赖于横向思维实现的。但对于习惯了运用逻辑思考的我们来说，横向思维的驾驭实在是太难了。我们暂且不考虑商业模式问题，还是考虑一下现有的产品在营销中如何运用现成的怪招来帮助我们战胜对手，而这个招数非偏门效应莫属。

第十七式

偏门效应

有效狙击对手的另类招数和偏门手段

很久以前，我在看电视连续剧《霍元甲》时，就思考过霍元甲打败独臂老人的那一场戏，它最吸引人的地方就是剧情出乎人的意料。意外的不仅仅是我，影视中的敌我双方也感到意外，被打败的独臂老人更是意外，因为他专门研究了霍家拳，并有了必胜的把握之后才来挑战的，没想到却输在一个青年人手里，甚至还不知道他用的是什么拳术。这个故事给我的启发是，当你使用常规的招数时，对方都能熟练应对，只有使用对手完全不知晓的奇怪招数时，对方才会不知道如何招架。在营销中，运用营销理论上的常规策略很容易被对手拆招，所以，我们必须要创造更多奇招怪招来克敌。这里的很多招数来源于企业的实战，尽管有些招数随着时代的变迁和市场环境的变化，现在未必能产生效果，但大多数偏门战术运用得好，依然能给企业带来实际的营销效果。

偏门效应，是指企业在营销中运用不符合常规的招数，骚扰和攻击强势对手，消耗对手的元气并制造麻烦，从而将对方市场占为已用。

电视连续剧《霍元甲》里有一个情节，霍赵两家为证明各自的家传拳术才是武林正宗的而要举行一年一度的比武大会。两家正斗得不可开交的时候，突然出现了一个独臂老人，这个胡须花白的老者，竟然轻易地打败了霍赵两家，并慨叹原来名震江湖的霍家拳也不过如此。危急关头，一直默默无闻并且从小体弱多病而无法练武的霍元甲挺身而出，愿意与独臂老人较量。霍元甲的举动使所有在场的人都深感意外，因为他们非常清楚，这个瘦弱的小伙子根本不会武功，他又怎么能与这个接连打败了霍赵两家掌门人的独臂老人决斗呢？

事实却出乎所有人的意料，霍元甲凭着自己独特的悟性，用独臂老人完全看不懂的招数，打得独臂老人只有招架之功而无还手之力，最终被霍元甲打败受伤。

霍元甲为什么能打败连他父亲都无法打败的高手？看过片子的人都明白，因为霍元甲没有使用祖传的霍家拳，而是运用了自己都叫不出名字的迷踪拳，根本没用传统的套路，一切都是顺着形势的变化而随机反应的一种拳术。而独臂老人为了打败霍家拳，针对性地研究了很多年，并专门设计了破解霍家拳的套路，所以轻易就打败了霍赵两家的掌门人。之所以输给霍元甲，是因为霍元甲用的不是霍家拳而是怪招迭出的迷踪拳，独臂老人根本无法应对，从而输给了霍元甲。

假设霍元甲接受了父亲的嫡传，学习霍家拳，那么他的武功最多是他父亲的八九成功力，显然也无法打败前来挑战的独臂老人。因为从小体弱多病，父亲不让他习武，他却特别喜欢武术，在偷偷学习的同时，融合了自己对武术的理解，从而创造出了颠覆传统拳术套路的功夫——迷踪拳。

上述案例说明，企业在运用常规的营销武器进行市场竞争不起效果时，可以运用另类的游击战术来骚扰对手和攻击对手，这样就可以出其不意、攻其不备。以下是我总结的10种游击战术：

（1）渠道狙击术

为了使经销商积极配合公司的推广，“洽洽”给经销商预留了足够的利润空间并定下原则，即一定要让经销商赚钱。为此，“洽洽”特意做了一种新的纸箱包，并在箱子的封口处印着“慰劳金”几个字，每箱里面都有2元现金，表达“进我们的产品就有赚”“这是感谢您对我们的支持”等意思；并且向经销商保证“每箱都设奖，箱箱不落空”，奖项大小不限，完全满足了经销商的获利要求。这些方法大大满足了经销商“快速赚钱”的心理。

经销商乐意配合企业，纷纷吃进“洽洽”的产品，将“洽洽”瓜子铺满了各种各样的小铺，让消费者能以最快的速度接近它。这样，竞争对手的产品就被狙击于渠道之外了。

（2）终端狙击术

要实施终端狙击，在各个终端快速达成并保持高铺货率是掌控终端的关键。一方面反映在产品的销售速度上；另一方面则表现为产品推广活动的连续性、特色化。通常制造强势终端的方法有以下5类：

①货品陈列，货架及地堆、端架陈列；

②特价或捆绑销售；

③理货员及导购员；

④海报或印花券；

⑤节庆日店外主题展售活动。

（3）媒体狙击术

2001年初春，重庆联通准备在当地发行量最大的都市报刊上刊发一个整版广告，推出一项优惠措施。重庆移动得悉后，立即定下同一报纸当天更好的一个版面，只表达了一个意思：“更多优惠，请关注明天重庆移动”。在干扰性广告发布之后，当天晚上重庆移动商讨出针对性方案，并在第二天用广告进行针对性的发布。此役，联通的促销活动被移动漂亮地狙击了。

（4）促销狙击术

初上市的舒蕾避开与宝洁的正面对抗。首先，把全部力量押在了终端市场，霎时“红色海洋”遍及全国。其次，舒蕾采用终端对抗促销，以巩固终端。而对当前国内众多企业来说，终端促销的实战经验并不丰富，舒蕾的终端促销不仅提升了自己的销量，同时还成为打击对手的有力手段。

舒蕾洗发水的成功就是将导购员的终端拦截促销，演变为系统深入的“终端拦截”理论，并在国内推而广之。

（5）政府机构狙击术

2000 年 9 月，安徽 × × 啤酒在河南商城和信阳市场一直未能打开局面，这两个市场是离 × × 啤酒的大本营最近的市场，但在当地市场上唯一能看见的就是河南当地的 × × 山啤酒。我询问过 × × 啤酒的两个区域经理，他们说了太多的理由，其中最重要的是当地工商管理部门的地方政策限制。经过调研，发现这是当地市政府要求工商管理部门针对外来啤酒产品采取的对策性措施，以保护本省啤酒品牌的市场销量。

（6）价格狙击术

2002 年 4 月 20 日，奥克斯公布空调“成本白皮书”，对其中一款 1.5 匹空调原配件成本“开膛剖腹”，并宣布 1880 元为 1.5 匹冷暖空调的市场标准价，硬是将当时市场上标价为 4000 多元的空调拉到 1500 元左右的价格。

在“成本白皮书”上，奥克斯毫不含糊地列举了 1.5 匹冷暖型空调 1880 元零售价的几大组成部分——生产成本 1378 元、销售费用 370 元、商家利润 80 元、厂家利润 52 元。在其披露的材料成本上，除了所用的东芝、日立、LG 等著名品牌压缩机属于外购外，其他各部件均为自制，且成本比市价低很多。

此招一出，立即遭到了美的、格力等同行巨头的声讨，但同时也迫使一批成本控制能力不强、经营管理手段落后的企业纷纷关门大吉，空调行业也在 2002 年由近千家企业迅速缩减到三四十家。所以专家认为，一个企业只要有大规模的制造能力和一定的品牌基础，然后再发动价格攻势，如此从庞大的市场中切一块下来并非难事。

（7）产品（品牌）狙击术

昔日独孤求败的宝洁早已感觉到四面楚歌，许多本土日化品牌成为狙击宝洁的主要力量。虽然从单个品牌来看，它们的实力通常只相当于宝洁产品线上的一个或者几个产品，但“人多力量大”，最终对宝洁形成了合围之势。有业内人士大胆预言，各大本土日化品牌将联手肢解宝洁。

为了捍卫自己的利益，宝洁推出了一款新产品——9.9 元的飘柔日常护理洗发液，它将宝洁的洗发水历史性地拉到了 10 元以下；宝洁旗下的高露洁牙膏也推出了中档价位的产品，与国产品牌争夺市场份额；在洗衣粉行业，宝洁力推的 2.2 元汰渍洗衣粉的广告随处可见。

业内人士分析："宝洁是一家非常谨慎的公司，不会轻易拿自己的主要产品冒险，肯定是有备而来，此次推出低端产品就是对中低价位品牌的一次大规模清剿。这是宝洁改变市场策略的一个信号，在某些品牌上宝洁要实行低价策略了。"一位宝洁经销商说得更直接："宝洁的汰渍和碧浪洗衣粉降价非常厉害，这种举措主要是针对雕牌的。"通过一连串的举动，宝洁不仅捍卫了自己高端市场的份额，还在低价市场上站立起来了。

（8）合纵连横狙击术

苏泊尔是中国炊具第一品牌，金龙鱼是中国食用油第一品牌，两者都倡导新的健康烹调观念，如果两者结合在一起，岂不是能将"健康"做得更大？2003 年 12 月 25 日，苏泊尔和金龙鱼两个行业领导品牌"好油好锅，引领健康食尚"的联合推广，在全国 36 个城市的 800 家卖场掀起了一场风暴……

在这次合作中，苏泊尔、金龙鱼在降低成本的同时，品牌和市场又一次得到提升。金龙鱼扩大了自己的市场份额，品牌美誉度进一步加强，苏泊尔，则进一步强化了中国厨具第一品牌的市场地位。2004 年上半年苏泊尔取得了瞩目的成绩，销售回款额为 2.92 亿元，全年的销售额达到 6.2 亿元，与其他品牌全线下滑相比，苏泊尔销售额在众多洋品牌夹击和本土品牌挖墙脚的情况下，仍然保持了不俗的销售增长业绩。

（9）围魏救赵狙击术

日本丰田汽车公司专门推出了凌志品牌的豪华轿车，声称只要半辆奔驰车的费用就可以买到与奔驰同样豪华的车，以此来侵袭本来完全属于奔驰车领地的欧洲市场，试图提供驾驶更平稳、乘坐更舒适的汽车，抢夺奔驰车的市场份额。

当市场领导者在它的本土遭到攻击时，一种有效的方法就是也进攻攻击者的主要领地，迫使其撤回部分力量守卫本土，即“围魏救赵”，或曰“机动防御”。

奔驰汽车将矛头直接伸向日本本土，在日本市场接连推出新款奔驰高级车，同时将价格逼近凌志。奔驰在日本开展了一系列的广告活动，强调德国文化和其汽车工程的精密与伟大，并故意将奔驰车的展示位置与凌志车的展示位置相邻，从而迫使一些欲购买凌志的消费者受不住诱惑而转向奔驰……奔驰通过直捣丰田老巢的战术，成功地阻挡了丰田汽车的进攻，巩固了自己的阵地。

（10）地面突袭狙击术

2004年6月，著名地板品牌“福建前峰地板”为了扩大在华南的市场影响，同时快速提升市场销量，准备在三大建材市场内进行三场董事长签名售地板的活动。活动广告在主要媒体上一发出就引起了竞争对手“广东大冠军地板”的高度警觉，营销总监立即召集全体营销人员共同商量对策，并很快出台了一个扰乱对方部署以达到狙击对手促销活动的执行方案。

活动开始的第一天，前峰地板专卖店门口排起了长队，人们主要抱有两种想法：一是董事长的签名，有荣誉感和安全感；二是董事长签名销售的地板价格优惠。但签了三个消费者后，第四个消费者就直接对着董事长提出产品质量的责疑，引起骚动。

随后，后面有十多个排队的消费者纷纷上前诉说前峰地板在质量及服务上的不尽如人意，以及社会上对前峰地板的一些批评等，把一个签名售地板的活动搞成了消费者投诉会，该活动不得不终止。其他两个现场也遭遇不同程度的骚扰而不得不紧急终止促销活动。

偏门效应是一种非常直接的狙击战术，其目的就是千方百计阻止对手获得成功或者掩护自己的产品营销成功。我一直认为市场营销就是战争，它的一切行为和最终结果都与战争一致。所以营销中采取一些极端的手段达到成功无可厚非，关键是要获得最终的成功。而关于企业与企业之间的营销竞争，下一个招数可能更具有杀伤力，那就是瞄准竞争对手心脏地带进行攻击的诛心效应。

第十八式

诛心效应

重创竞争对手核心利益的营销猛招

俗话说“打蛇打七寸”，是因为蛇的七寸位置正好是蛇的死穴，能一招置蛇于死地。在商业竞争中，如果你瞄准竞争对手不痛不痒的地方展开攻击，竞争对手不会重视你，更不会引起消费者的重视，你耗时耗力，对手却没有受到影响。如果你找到竞争对手的七寸死穴，然后施以猛烈的攻击，效果就完全不一样了。诛心效应是我反思传统营销理论之后发现的一个非常厉害的营销怪招，它讲究的是直接打击竞争对手最强大的利润产品，迫使竞争对手改变原定的战略部署，仓促应战来保护自己的核心领地。而这个过程本身为挑战企业创造了更多可用的商业机会，这就是诛心效应的核心要领。

诛心效应，是指企业集中力量，瞄准竞争对手的核心区域，展开强势攻击，迫使其改变企业战略部署，甚至完全打乱企业战略部署，从而获得对自己有利的一种攻击型营销战术。

兵法中有句话讲：“攻其所必救。”意思是指进攻者要么不攻，要攻击就要瞄准敌人所必救之处。什么是必救之处？一是十分重要的地方，如指挥中心或者弹药、粮草仓库等；二是被攻击最为猛烈的地方，也就是危险到可能被对手摧毁的地方。

竞争对手最重要的地方在哪里？无论什么行业，对手产品利润最高的区域就是最重要的地方。譬如给娃哈哈带来核心利润的营养快线和给康师傅带来重要利润贡献的冰红茶等，营养快线和冰红茶就是娃哈哈和康师傅的利润区，只要遭遇对手攻击，它们必然会奋起反抗。

因此，打击对手就要向这种地方发起狂攻，“隔靴搔痒”般的骚扰是不可能让对手跟着你的思路走的，只有打到他的痛处，他才会自乱阵脚，或者因为挨打只能一味地防守，再没有时间和精力去思考该如何反攻你，你就会获得竞争的主动权，从而获得胜利的机会。

这就如同两个人比武，如果你招招向对手的要害打去，他能做的只有躲避，而不是进攻。所以，东一拳西一脚地乱打，不如盯住一个要害下狠招、猛招，正所谓“破其十指不如断其一指”。

当一个企业在进行营销战略规划的时候，必然会考虑到本公司当年的利润来源，而竞争对手的战略行动将决定本公司营销目标的完成和利润的多少。大部分营销总监和企业老板会重点考虑，在现有市场总额不变的前提下，如何扩大本公司产品的销售量，而这个假设目标通常有两种手段可以完成。

一是渗透，使更多的消费者购买本公司产品，这种做法就是企业推出更多的细分消费者的产品，同时会增加价格梯间密度；二是扩大地盘，即抢夺对手的市场份额。

要想使更多的消费者购买本公司产品，必须在产品线延伸和传播投入上进行调整，但是它的风险和成本相对较高，所以很多企业会将精力集中到抢夺对手的市场份额上来。如何才能更有效地抢夺对手的市场份额呢？最好的做法是破坏竞争对手的利润要害，迫使对手做出临时性改变，从而完成自己的产品进入该区域的抢夺策略。

破坏竞争对手利润要害的目的不是将其赶出竞争领域，也不是在行业内制造垄断，而是要抑制竞争对手利润要害的现金流量，迫使其改变对你有害的特定举动和行为。如果做不到，也要通过袭击竞争对手的利润要害来对他的其他业务领域施加压力。

把矛头瞄准对手的利润区

挑战者最有效的挑战是直接打击对手的利润区，但是这样的策略先导是必须找到对手的利润区。如果能找到竞争对手的利润要害，挑战者就可以采取攻击，进而影响他们的行为。利润区是给竞争对手带来最大利润的产品、服务和区域的组合。

每个公司都或多或少地拥有自己的利润要害，它们不仅为公司赢得可观的利润，更重要的是这些利润要害支持着公司的其他业务——无论是已经疲软的还是正在发展中的。

在企业竞争中，其实有很多方法可以对竞争对手的利润要害施加压力并给予打击。挑战者可以选择某个产品或某个区域与竞争对手展开价格白刃战，也可以以适当的价格提供具有新颖特色或独特功能组合的产品抢夺市场销量，还可以在不改变价格的情况下提供部分附加服务。虽然给挑战者带来的利润是微小的，但对竞争对手来说却是利润的主要来源，挑战者还可以通过技术创新超越对手的产品技术，然后以更新的技术、更完善的功能，却以同样的价格在同一领域给对手制造麻烦。

假设 A 企业 10 ~ 16 元的产品是其主要的利润来源，那么挑战者必须重点研究为什么这一区位的产品是对手的利润区。假如攻击它，对手第一时间会有什么反应，会如何调整和反击？其次，我们用什么策略来攻击它？一击不倒怎么办？我们究竟有多少资源可以展开这样的正面攻击战？假如对手死守而狠狠反击，我们有多少力量可以与之抗衡？

很多企业在执行这种战略时往往把竞争的焦点引向价格战，因为价格战是降低利润的最好办法。挑战者这么做时，最主要的目的不是自己盈利，而是让对方不能盈利或者降低盈利水平。所以，在设计这样的攻击战略时，挑战者必须让自己的头脑保持清醒，充分考虑好自己的处境和资源，不能凭一时之勇而贸然攻击。

多重立体出击，正面攻击对手

攻击对手利润区时，不能仅仅把焦点局限于价格战，因为价格战最终的结果对敌我双方没有太大的好处。如果挑战者有综合能力，譬如在技术、生产、管理和营销等领域有一技之长，那么可以从战略角度给予对手以沉重打击。因为这样的攻击不仅使对手减少利润，很有可能使其永远地失去这一市场。

【企业案例】全国三家主要生产电饭煲的厂商中，A公司是行业的领先者，它可以提供品种齐全的电饭煲产品，从个人用的到单位食堂、餐厅用的都包括在内。它同时也是国内电饭煲设计、生产和销售的领先者。在这一行业中也有相当一部分产品范围窄小的公司靠着小打小闹生存，但对A公司的影响不大，直到B公司的出现。

电饭煲产品的所有竞争者都能提供全系列的产品。而A公司由于其品牌影响、技术能力及渠道能力的优势，不断推出新产品，如带有电脑显示屏的产品和自动调节的多功能产品等，推出新产品时，都能为A公司带来很高的市场议价能力。因为这一领域没有对手跟它竞争，所以A公司几乎没有太大的营销投入，传播费用几乎都用在品牌塑造上，很少集中于产品推广层面。

挑战者B公司了解到A公司的利润要害就是层出不穷的新产品，所以针对性地制定了攻击对手的几大策略。

（1）技术革新。通过技术改造使产品的工作性能更高。

（2）降低成本。通过技术和内部整合，使产品的制造成本大大降低。

（3）提供更优质的服务。通过对A企业的研究，发现对手在服务方面由于长久没有创新，越来越不能令他的客户满意。

（4）加大传播投入。根据对产品的一系列改革和调整，B公司很快通过加大传播投入来使目标客户清楚地认识到这一产品领域的优质低价产品已经诞生，暗示客户可以有更好的选择……

（5）更专业的终端导购人员。所有终端人员都接受整整一周的魔鬼式训练，其现场沟通能力和推荐能力远远超越竞争对手。

（6）提供更完善的服务。公开承诺三个月内可以无条件退换货，同时在建立客户数据库方面显示了威力，不断以行业信息和生日问候带给客户意外的惊喜。

挑战者B公司经过一系列的攻击战术，迫使A公司将主要的营销精力转到新产品利润区的保护措施上。但为时已晚，当A公司掉转“枪口”的时候，B公司已经隆重推出了更先进的产品，并牢牢地控制了这一原本属于A公司利润区的核心市场。

声东击西，从侧面攻击对手

如果挑战者有更大的企图，那么完全可以把攻击当作一个幌子，采取声东击西的战术，迫使对手改变战略，在急急忙忙的改变中露出破绽，从而给予挑战者以真正攻击的机会。

【企业案例】某白酒是山东一个老牌白酒品牌，20多年来一直局限在本省市场，由于口碑很好，倒也一直发展的不错且高枕无忧。与此同时，同省另一白酒企业××一直对某白酒的市场虎视眈眈，但苦于不知如何下手，或者该从哪里下手。

2006年10月，××聘请我的策划团队。我经过详细周密的调查后发现，某白酒真正的利润来源是一款52°的白酒、价格为88元每瓶的中档酒，也就是普通瓷瓶包装酒。由于山东人性格豪爽，喝酒都喜欢度数高的，所以这一度数的白酒非常受人欢迎。而这款产品的单瓶利润达到40元每瓶。某白酒还有一款36°的玻璃瓶装白酒，虽然销量也不少，但并非主要利润来源。

我立刻帮助××策划推出了两款白酒新品，一款是52°的白金版，售价与某白酒利润区产品一致；一款是36°的兄弟情，走中低价位路线。在具体的推广策略上，采取“明修栈道，暗度陈仓”策略，以香港枪战片《英雄本色》中的小马哥为“兄弟情”形象载体，设计了一出佯攻36°玻璃瓶装产品，实际却暗取利润区的声东击西大战。

当××在几个城市的市场力推“兄弟情”时，某白酒的管理层看到“兄弟情”在各个市场销售情况不错，就错误地认为，也许消费者更喜欢36°的低度白酒，于是将原本投入在52°白酒上的推广费用转移到36°玻璃瓶白酒上，并直接与“兄弟情”在各个市场对着干，扬言要把“兄弟情”打趴下。因为某白酒一直是领导品牌，他们在心理上无法接受××明目张胆的攻击行为。

见对手上当，早已经准备完毕的52°“白金版”隆重上市，上市活动聘请了山东本地的著名演员主持。××在经销渠道、终端酒楼，以及政府机构和工矿企业集团采购等领域全面深入，仅仅用了一周时间，“白金版”的广告牌和上市活动的影响力就在全省范围内沸沸扬扬，加上渠道经销商和酒楼终端纷纷配合，××挑战成功了。“白金版”成为当地政府和商务人员的招待用酒，销量直追某白酒，从而在某白酒的利润区给其致命一击，并持续两年在这一领域与某白酒平分秋色。（因与客户签署保密协议，故本案例中的企业名称均为代名，请不要对号入座。）

如何运用诛心效应进行攻击

这一针对对手利润区的诛心破局攻击战术，适用于所有敢于向行业领先开战的挑战者。根据我对当前一些行业的观察，很多耐用消费品行业及快速消费品行业都适用这一策略进行挑战攻击，且成功的概率非常高。关键是要在充分了解竞争对手的基础上，精心策划并严谨执行整个战术，一定要做到一战成功。同时，挑战者必须要有在同类产品、渠道和服务等领域超越对手的能力和勇气，否则打不赢这一仗，就会被对手发现而强势反击，从而惨遭失败。

攻击对手之前，首先要自身强硬，并充分了解对手的详细情况；制定策略时要考虑周密，并针对可能出现的各类变故做好可以随时应对的执行策略。最重要的是，必须在攻击前做好信息保密工作，不然极有可能功亏一篑。

诛心效应讲究的是攻击对手的核心利益，一招致命。但是，市场营销竞争与战争一样，对手也不会坐等你动手。挑战者如果没有诛心效应那样的营销竞争策略，也可以稍微变化一下，看能否攻击对手部分或者较为强势的地方来化解对手的强势。这个招数就是接下来要讲的拔牙效应。

第十九式

拔牙效应

诱敌深入，杀对手于猝不及防的营销狠招

拔牙效应来源于成语“虎口拔牙”。虎口拔牙本来就是一件有风险的事，但是因为冒险，所以我们的逻辑思维不会让我们去干这样的事。在市场营销中，我们更不会去冒险，虽然企业很想在竞争中获胜，但是企业领导者更喜欢稳操胜券、毫无危险的打法。遗憾的是，只要有竞争就一定有风险，商业投资本身就是一种风险。其实，关键不在于是不是有风险，而在于你究竟有没有更高级的营销招数。虎口拔牙是一个典故，在商业竞争中也可以在虎口里完成拔牙。这就要看如何找到强势竞争对手的尖利牙齿？这一类牙齿在哪个位置？如何设计瓦解它？有了计谋之后，虎口拔牙就可以成为稳操胜券的杀招。中国企业讲究中庸，不擅长斗狠，这恰恰给了挑战者获胜的机会，因为商场竞争与战争一样，从来不以手段论高低，而以成败论英雄。

拔牙效应，是指企业竞争中的挑战者一方，故意反向设计，将竞争的焦点瞄准强势竞争对手的优势并巧妙地攻击对手的优势，迫使他的优势在受到攻击之后转化为弱势的一种硬性攻击战术。

如果你读过美国营销大师艾·里斯和杰克·特劳特两位写的《营销战》这本书，你大概不会忘记他们在书里一再提到的营销竞争理论：挑战者要找最强的竞争对手（通常为行业第一），攻击点要寻找竞争对手最薄弱的地方。

这几乎是颠扑不破的营销真理，多年来指导着企业在市场上东拼西杀，成功者不计其数，失败者自然也不会去怀疑这样的真理会不会有错，只能怪自己的运气不好。直到今天，依然没有一个人敢站出来对此理论提出疑义，也许我是唯一的一个，也是最不自量力的一个。

2004年7月，我在积累了多年的市场管理经验和营销策划实践的基础上运用横向思维重新审视一些经典的营销理论，并由此产生了一些新的想法。我针对4P营销组合（产品、价格、渠道、促销）和被捧为营销经典的新营销4C（需求与欲望、成本、便利和沟通），写了《向大师开炮——对4C说不》一文，针对当下国内外营销界对4C的认识有诸多误区，提出不同的看法，在营销界引起巨大反响。

我的邮箱在短短不到一个月的时间里竟然收到了300多封读者来信，其中有褒有贬。贬我者，当然是认为我不自量力，竟然敢跟公认的大师过不去，有沽名钓誉之嫌；而褒我者，却只对我的专业勇气大加赞赏并给我以鼓励，对我文中提出的新观点却未提一词。虽然这多少令我有些失望，但我对管理学范畴的诸多经典理论，却随着我的营销实践而逐渐有所动摇，并开始形成自己的独特想法。

或者说，我在实际操作过程中感觉到有些经典理论的不完善，并有意识地进行颠覆性尝试。我最大疑惑的是源自两位大师艾·里斯、杰克·特劳特的名著《营销战》里提到的一条经典的侧翼攻击战核心理论："挑战者要瞄准行业内最强的竞争对手，攻击时要寻找竞争对手最薄弱的地方。"

直到今天来看，这句话依然没有看出不对的地方。我们在参与市场竞争时，依旧很想把强大的对手打倒并取而代之。

IBM在历史上曾多次成为苹果、数字公司、戴尔、惠普等多家电脑公司的挑战对象，虽然没有一次能把 IBM 打败，但挑战者都因挑战本身而获得了想要的利益。这就是杰克·特劳特们要我们把挑战的目标选择为强大的竞争对手，而攻击时却要瞄准对手的薄弱点的原因。因为只有找到对手防范薄弱的地方，我们才有机会偷袭成功。

2006 年，我对横向思维和市场竞争的研究进入了新的领域，通过对近 10 年来中国营销的成功案例进行研究和分析，结合自己的策划实践，逐渐形成了自己的破局营销理论，并根据这一理论提炼了四大核心招数：第一，宁做搅局的坏孩子，不做听话的乖宝宝；第二，与一人斗，不如与众人为敌；第三，抓住行业共性弱点进行攻击；第四，瞄准对手的优势各个击破等，并设计了相关的操作步骤。

2009 年 7 月 27 日，我应总裁培训网之邀，前往该公司播音室录制我的最新培训课程《破局营销攻击》。录制结束后，我与该公司总裁就我的破局营销理论交换了意见，讨论的焦点就是核心理念的第四大攻击招数，即“瞄准对手的优势，各个击破”。

总裁认为，无论是迈克·波特还是里艾·斯、杰克·特劳特，都有对竞争理论的专门阐述，并已经成为真理，即打击竞争对手必须要选择对方的薄弱点。为什么我的破局理论竟然瞄准对手的优势来打击？我针对这一疑问进行了阐述，并结合策划实践给总裁讲了一个案例。

有一只老虎在觅食中发现了一个美丽的少女，老虎被少女的美貌深深地吸引住了，它悄悄地尾随在少女的后面，想看看她究竟是谁家的女儿，然后想以自己的威力说服她的父母，让这位少女嫁给自己做老婆。

老虎一路尾随，终于到了一户猎人家里，看到少女进了屋，老虎才不紧不慢地走到猎人家的门口。猎人正好出来拿挂在屋檐下的粮食，当他发现了蹲在门口的老虎时本能地吓了一跳，并“啊——”地叫了一声，女儿应声出来，一看到老虎也吓得瑟瑟发抖。

这时老虎发声了：“不要怕，我不会吃你们，我只是喜欢上了你女儿，只要你答应把女儿嫁给我，我绝对不会伤害你们……”猎人一听，这怎么可以，我们家的漂亮女孩怎么可以嫁给畜生做老婆呢？绝对不可以！猎人心里这么想，但嘴上不敢这么说，他想了想告诉老虎：“这件事我一个人做不了主，容我跟女儿商量一下再回答你如何？”老虎很笃定地回答：“好，我就在这里等，商量好了就告诉我一声。”猎人向老虎点了一下头，然后拉着女儿到墙根边，故作商量状，其实他是在想对策。过了一会，他才笑眯眯地反过身来对老虎说：“我女儿同意了，但是有一个条件。”老虎说：“什么条件？只要你答应将女儿嫁给我，别说一个条件，十个条件也答应你。”猎人说：“就一个条件，我女儿怕你的牙齿和尖利的爪子，害怕跟你在一起不小心被你弄伤，如果你能把你的牙齿和爪子拔掉，她就跟你走，嫁给你做老婆。”

老虎一听，这有何难，于是老虎当着猎人和少女的面，忍痛先用两个前爪将自己的一副钢牙利齿拔掉，然后又非常用力地将自己的四个爪子，在门口的一块石头上拗掉，尽管鲜血淋漓、疼痛难耐，但它还是满怀希望地走到猎人和少女面前说：“这下总可以放心了吧？”

谁知猎人不慌不忙地从屋里墙上拿出自己的猎枪，对着老虎说：“我是绝对不会把女儿嫁给你的，现在你没有了尖牙和利齿，我也不用再怕你了，赶快逃回森林里去吧，不然我一枪毙了你……”说完，将猎枪一举瞄准老虎。老虎见此情景吓出一身冷汗，慌忙调转屁股，一瘸一瘸地逃回了森林……

2003年，××啤酒准备进攻被某啤酒常年独霸的绿城市（化名）。当时我们在策划进攻营销战术时产生了分歧，项目组大部分成员主张寻找某啤酒的薄弱点，产品技术、销售渠道或者是品牌传播方面的弱点，只要找到薄弱环节，我们就可以攻击，从而抢占先机。

只有我坚持唱反调，我认为某啤酒是绿城最强势的啤酒品牌，在当地市场占有85%以上的市场份额，即便它有薄弱之处，我们这么攻击它，对它究竟有没有大的伤害？我提议不如干脆寻找它的独特优势点，譬如支撑它强大利润来源的部分，进行“爆炸式”的攻击，这样才会引起对手重视从而改变他的战略部署，我们才能真正拥有主动权。

在我的坚持下（主要是一时找不到某啤酒真正的薄弱点，或者说可以攻击的弱点），我们仔细分析了某啤酒的优势，发现某啤酒在绿城的成功，主要是它的五大独特优势，即水源优势（取自翠绿湖200米以下的石英冷泉，富含21种丰富矿物质）、渠道优势（中高端酒店酒楼几乎呈垄断之势）、名称优势（啤酒品牌名称直接取自翠绿湖）、习惯优势（绿城居民已经养成了常年喝某啤酒的习惯）和质量优势（绿城公认的最好的啤酒）。这五大优势是××啤酒不具备的。

我的核心结论是，任何完美的事物都是相对的，某啤酒的优势，也可能通过我们的设局，让优势转化为弱点，这就是营销策划的核心焦点。

我们率先针对某啤酒五大核心优势之首，也是某啤酒最大亮点的水源优势进行攻击。围绕着这个攻击战略，我们精心设计了各种各样的攻击战术，经过多次论证，最后决定为某啤酒设计两顶“帽子”，即“破坏自然生态”和“欺骗消费者”。

我们组织召开了有环境保护协会的环保促进人士和部分有责任心的消费者参加的讨论会，提出了一个问题，即某啤酒每年的市场销量是30万吨，这30万吨的啤酒酿造水是不是100%取自翠绿湖200米以下富含21种丰富矿物质的石英冷泉水呢？如果某啤酒回答“是”，那么它逃脱不了“过度采用自然矿泉水，破坏生态环境的罪责，我们就很容易通过环保专家的笔，在媒体上对某啤酒发难。如果它回答“不是”，仅仅是采取部分石英冷泉水，那么它就必然面临着忽悠消费者、不说真话的嫌疑。无论是破坏环保，还是欺骗消费者，这两顶“帽子”戴在某啤酒的头上，都会给它带来麻烦。只要将此真相公布于众，那么对某啤酒多年积累起来的品牌美誉度，就可能起到巨大的破坏作用。

我们的目的很明显，既然水源是某啤酒的核心优势，就必须破了这个局，逼迫某啤酒不能再公开宣传自己的水源优势来吸引消费者。因为无论是公开的广告还是啤酒的瓶贴上，某啤酒都在大张旗鼓地宣扬独特的水源优势。

经过我们一轮又一轮的破局攻势，一个月后，某啤酒不得不改换瓶贴，并全部撤下了以水源诉求为核心的广告。而利用这个缝隙，××啤酒准备好的“国标水，酿好酒”的最新诉求也正式出街。

随后，我们通过这次成功带来的影响，采取了其他类似的破局手段。如破某啤酒的习惯优势，我们大搞免费品尝和买一瓶送一瓶的优惠活动，吸引不少某啤酒培养多年的绿城市消费者。花了半年多时间，就把另外三项某啤酒的优势一一瓦解了，××啤酒宣告破局成功。

事后总结这次破局成功的核心所在时，我指出因为这次运用了横向思维，把大师的经典竞争理论进行了颠覆，不是照搬教条，而是超越理论并进行了灵活的运用，从而获得了意想不到的成功。

我至今都认为“金无足赤，人无完人”，再伟大的人也有失误或者顾及不到的地方，关键是你站在什么角度思考问题。我们不妨颠覆一下，放弃寻找弱点，直接攻击优势，机会就在于思维的颠覆。

所以，在营销中如果确实找不到自己的优势，不如去看看竞争对手正在宣扬的优势，看看这些优势能不能被我们转化为弱势。从事物原理来看，有时候看上去是很明显的优势，但如果用一种独特的方法将其转换角度或者位置，那么这个优势就有可能转化为弱势。譬如有些食品或者保健品会诉求无添加来与同行产品进行差异化竞争。从食品安全角度来讲，无添加或许是一种强大的利益诉求，但从消费者对食品的口感上来说，也许就是一个不利的弱点，如果我们把这种不利点放大，就可以达到攻击对手的目的。

所以，在市场竞争中，死搬教条式的营销肯定不会产生好的效果，而那些恰恰是雕虫小技的奇招怪术，尤其是完全不符合传统营销理论的某些超常规营销，倒有可能产生令人意外的效果。

对那些强大的巨头来说，必须时刻保持警惕，你现在的优势，究竟有没有存在被对手颠覆的漏洞。如果有，那你要小心了，因为那些现在看上去很强大的优势极有可能成为你走向失败的最后致命伤。

偏门效应、诛心效应和拔牙效应都是属于企业竞争范畴的营销策略，是企业与企业之间进行市场营销较量的招数。这似乎只有对企业才有用。那么对于个人创业者，有什么好策略呢？接下来我要给大家分享的就是针对企业和个人创业者寻找商机，发现好的投资项目的营销招数——错位效应。

第二十式

错位效应

发现商机创造事业奇迹的绝妙方法

很多渴望创业的青年人一直在问我，现在究竟做什么行业更有前途？做什么更赚钱？我总是回答，什么行业都有前途，干什么都行，关键是你怎么干。我的回答其实涉及一个方法问题，但本质确实是这样的。像江南春、马云、史玉柱、王健林和李嘉诚等商业成功人士，他们的成功不是因为他们是天才，而是他们善于发现别人熟视无睹的商业机会。其次，这些人不仅善于发现商机，还善于捕捉商机，也就是说，他们一旦发现商机就会采取行动。可以这么说，他们的执行力很强。那么如何发现商机和捕捉商机呢？有没有一套可以被复制和运用的方法和窍门呢？读完本章，我相信你会找到答案。

错位，一般指离开原来的或应有的位置，或者说原本两个相对的物件，结果换掉了其中一个而导致无法和谐应对。错位效应，是指我们在商业上发生的各种不对位而产生的商业机会。

在大千世界，发生错位的现象比比皆是。竞争错位，弱者型企业尽量错开强势企业，不与之正面竞争。信息错位，是信息不对称的意思。

在营销领域，错位现象更多，常常令企业浪费资源、错失良机。譬如明明是一个优秀的产品，是非常值得信赖的项目，但就是找不到合适的经销商，而优秀的经销商总是找不到可以与之进行长期战略性合作的、具有强大诚信度的优秀企业。明明是一个好产品却因为策略问题而无法畅销，而真正畅销的产品未必就是最好的产品。

我们习惯按照自我对市场的认知推出新产品，然后设计各种推广信息，期望大家能购买我们的产品，但结果还是错位了。首先，知道这个产品的人很有限；其次，知道了这个产品而没有吸引他们购买，或者说，最终的市场反应与自己最初的期望值形成强烈反差，这就是营销上的错位。

在职场领域也存在错位的现象，往往有真才实学渴望建功立业的人才，却找不到可以施展才华的企业和事业平台。企业常常因找不到有创造力的人才而苦恼，而优秀的人才却叹息得不到伯乐的赏识。

发现错位就意味着发现了商业机会，只要找到两者的衔接点。男女在爱情选择上的信息错位，催生了交友网站和征婚网站红娘，庞大的市场需求使得这些网站有了盈利的机会；而职场上的错位造就了猎头公司和招聘网站的盈利机会。

江南春发现了等候电梯很无聊（时间错位），萌生了创建电梯电视来消磨无聊时光的创意，从而催生了分众传媒集团。

只要有足够的观察与分析能力，就可以发现无数错位现象，发现了错位就等于发现了通向成功的商业机会，就看你有没有能力将错位的两端进行正确的链接——找到对位的方案。

2015 年，我在与艺术界朋友交流时发现，当下中国社会处于非常尴尬的境地。一些真正具有思想价值和语言艺术价值的纯小说读本和现代诗歌的读者非常少，这些作品的出版物在市场上的销量也非常有限，而一些毫无艺术价值和思想性的穿越、古怪、武侠和爱情题材的小说却吸引了大量的青年读者，同时也被一些导演搬上银屏。与此同时，一些传统纯艺术场地都在亏损，如音乐厅和美术馆。音乐厅在过去一直是以严肃音乐为主的演出场所，最受人欢迎的是交响乐，那种由数百人组成的庞大乐队所演奏的世界名曲，如贝多芬的《命运》、德沃夏克的《自新大陆》及柴可夫斯基的《悲怆交响曲》等，每每欣赏总是心潮涌动，尤其是那种身临其境的乐队效果，更是令人难以忘怀。

美术馆更是门可罗雀，北京和上海两大城市尚可有部分收入，其他城市任何主题的艺术画展都很难吸引观众购票参观。为什么？因为我们都在为赚钱、为事业拼搏，大家都特别忙，走在路上都在用微信发布商业信息，晚上聚会都在交流各自的创业项目，哪有闲情逸致花费时间和精力，去美术馆、音乐厅安静地看一次画展、欣赏一场音乐会？我们被流行音乐所包围、被低俗小说所侵占、被商业广告和低俗影视妨碍了视听。

显然，艺术与我们的社会大众错位了。这个错位有什么商业价值可以利用吗？有！那就是如何让普通大众在休闲过程中，免费欣赏到纯美的古典音乐和艺术画作？西餐厅不就是最佳的场所吗？因为就餐的人一拨又一拨，而且就餐的时间至少有一个小时，足够我们静下心来，在就餐的同时，抬头欣赏平时很少欣赏到的名人画家作品，欣赏到平时很少会主动欣赏的古典音乐名曲。

于是，一家定位为“高雅艺术”的创新型西餐厅诞生了。餐厅的顶端，开设有标准的交响乐队乐池，可以容纳 30 人的中型乐队，演奏各类古典曲目。在餐厅的四面墙壁上开辟出画廊，用于展示中外艺术家的优秀作品。在画廊下面，开辟了一条只能放一本书高度的书柜，书柜里全部是古今中外最优秀的世界名著，以及当代作家和诗人的纯文学作品。消费者完全可以在就餐的过程中，近距离地与全世界的各类高雅艺术作品接触。从此，我们再也不用专程去音乐厅和美术馆买门票欣赏艺术了。

以前，很多企业由于不懂英文，也没有门路，很难将优秀的产品出口到国外，有条件的企业或许会通过专业的外贸公司代理，但也不是所有的企业都能找到这个途径。

马云发现了一个中国企业与外国企业之间贸易的错位机会，创办了贸易电商平台阿里巴巴。一开始他的目标就是想为那些寻找商家的企业提供贸易平台，获得成功后他又发现很多人想创业开店，但实体店铺投资较大，于是淘宝网诞生了。淘宝的成功又使他发现，其实很多人都比较懒，不愿意花时间去商场购物，而且商场里还有可能在付款时需要排队，购物之后又要自己提回来，于是天猫商城诞生了。发现错位，使马云跻身于全球商界名人之榜。

中国主流企业的营销，目前都存在严重的错位现象。譬如消费者其实非常讨厌广告，但他们依然在拼命地投放广告。如果我们对此加以创新，就会创造出消费者更愿意收看的新广告，而这种新广告也许正是颠覆传统广告的核武器。

消费者在物质层面的需求早已被满足了，更希望获得精神层面的关注。但企业营销依然停留在低级的物质层面，产品的质量、功能和功效等成为当前营销的核心诉求，即便是被称之为有互联网思维的电商平台，同样在以“便宜降价和红包”等低级的物质为核心，实施最低级的引流策略。这样的认知错位催生了有创新意识的营销人开始瞄准消费者的精神世界。

每个国家都有自己的语言，中国人普遍是接受汉语教育成长起来的。在前20年，真正懂外语的人并不多。随着改革开放的不断深入，越来越多的外国人进入中国，同样越来越多的中国人走出国门，他们或旅游，或访问，或留学，或工作，遭遇了语言沟通上的错位，于是外语培训机构诞生了，或者个体担任导游和翻译的生意诞生了，专门生产销售汉语翻译器的企业有赚钱的机会了。

青年人与父母那一代人存在着对社会认知的错位。未满20岁的女儿晚上出去与同学聚会过生日，父母会担心女儿碰上坏人，或者深夜回家不安全等，而女儿却想着今天晚上和同学在一起的快乐氛围。这种错位俗称代沟，而代沟的产生给很多作家和影视机构创造作品的机会，因为这样的作品对两代人都有吸引力。

医疗界同样因为错位而产生很多的奇迹。2000年以前，患十二指肠溃疡的病人，需要服用一生的抗酸药，甚至进行部分胃切除手术，这种疾病给患者带来巨大的痛苦。而当时全球的医学界都对此无可奈何，没有特效药，也没有更好的治疗方法，很明显是医院的医术和患者的期望之间产生了错位。

错位，就是机会！澳大利亚一名消毒科医生巴里·马歇尔对此产生了浓厚的兴趣，他怀疑十二指肠溃疡可能是胃中出现了细菌感染。他的提法遭到国际医学权威的嘲笑，因为权威们认为，胃液中分泌的酸液足以杀灭所有的细菌，不可能是细菌感染。但巴里·马歇尔坚信自己的猜测，为了证明自己猜测的可能性，他与内科医生罗宾·沃伦合作，自己配制了足以快速患上十二指肠溃疡的病毒液，然后当着罗宾的面喝了下去。随后，巴里·马歇尔果然患上了严重的十二指肠溃疡，罗宾·沃伦就用最简单的抗菌药进行治疗，结果奇迹发生了，马歇尔的病症在几个小时后消失了。

这个医疗上的错位使巴里·马歇尔和罗宾·沃伦两人获得了2005年的诺贝尔医学奖和生物学奖。更重要的是，患者再也不用喝一辈子的抗酸药，甚至进行痛苦的胃切除手术了。

在商言商，错位等于商机！未被满足的需求就是因为我们有很多地方存在严重的错位现象。譬如星级酒店太贵，而普通小旅馆条件太差又不安全，于是快捷型连锁酒店诞生了。这样的例子实在太多了，我就不一一列举了。

如何发现错位？发现错位其实跟我的另一个商业模式创新战术差不多。错位意味着某个行业产生了痛点，或者说存在着被颠覆和创新的可能。譬如理想化的结果是A，而现实中的最高位置只能是B，A与B之间存在的错位，转换一下角度也许就是一个可以为我们带来巨大利润的商机。

错位的发现得益于一个人的细心和创新意识，事实上由于大千世界变化多端，错位现象比比皆是，如果你对此麻木而熟视无睹，再好的商业机会你也会错过。相反，如果你足够细心，同时也具有强大的创新意识，那么你一定会发现这个社会存在的各种错位，甚至你会驾驭这个错位而找到更好的商业机会。

人的行为是被大脑左右的，而左右大脑的就是思维（意识和潜意识），发现商机是一种创新思维的能力，而将发现的商机付诸行动则是一种魄力和执行力，如果你只是想到而不去行动，那么这种思维能力也不会有价值。错位效应虽然始于发现，但行动更重要。

大千世界充斥着各种错位和不和谐，我们要注意的是，哪些错位现象可以被我们挖掘出来设计成商业机会？我相信所有看过这个策略的读者内心都会形成自己的运用观点——心要细，多思考。接下来我要给大家分享的是一种快速引爆、引发群体效应或者全网围观的暴风策略，这就是营销怪招二十一式的暴风效应。

第二十一式

暴风效应

改变游戏规则的猛招

企业与企业之间的竞争，如果缺乏足够的高超思维技能，那么我们的竞争有可能比拼的就是广告费的投入或者是人海战术，也就是战争中的硬拼，这是最低级的竞争。如果是一个行业中不知名的或者相对较弱的挑战者，想快速在行业中确定自己的地位、谋得大好前程，那么按部就班的竞争方法显然无法实现梦想，而大比拼式的大兵团作战又不是你能消耗得起的。这个时候就需要挑战者具有强大的战略性思维，善于发现行业共同的弊端和行业规则的弊端，然后打造自己的尖利之器，对阻碍自己成功的弊端和规则发起猛攻，迫使行业改变原来的游戏规则，重新洗牌。而挑战者乘此机会，快速跻身行业前列，甚至有可能成为行业规则的重新制定者。

暴风效应，是指企业充分利用自身有限的资源，针对行业传承所遗留下来的共性问题，采取暴风一样的速度对全行业实施破坏性攻击，以此为自己赢得进入行业前列的重新洗牌机会。

企业的市场营销应该如何破局？仅仅满足于四平八稳的蜗牛爬行，还是我们的能力就只能沉醉于自己产品的某些微弱的优势？为什么企业老板和营销总监们总是迷恋于同质化的名人代言和密集的广告战术，缺乏运用另类思维来策划企业的营销战？为什么不能聚焦于某一个点，然后通过周密的策划将这个点无限的放大，使其产生核武器般的威力呢？

在广告的作用越来越低，营销成本越来越高的形势下，低成本扩张、四两拨千斤、以小博大等战术被企业界奉为神奇的竞争战术，在横向思维下的现代营销中已经成为可能。我们没有必要去跟竞争对手拼人海战术和广告费投入，而是在思维技能的指导下，与对手拼巧劲，进行智慧作战。

发现营销暴风眼，就是一个智者的行为。暴风眼是一个气象专业名称，指处于风暴力量产生的中心位置，像一个圆心，也像一个漩涡的核心。暴风眼通常位于台风中心，平均直径约为40km的圆面积内。由于暴风眼外围的空气旋转得太厉害，在离心力的作用下，外面的空气不容易进入暴风的中心区内。

因此暴风眼区就像由云墙包围的孤立的管子。它里面的空气几乎是不旋转的，风很微弱。暴风眼外侧100km左右的地区则是狂风暴雨区。风暴的暴风眼往往是发源口，它产生的能量现已证明远远超越其能力，被风暴暴风眼波及的地区，遭遇的破坏也是毁灭性的。

在我的破局营销理论中，营销暴风眼又称为营销破局的攻击点或者市场营销的整合点。这个点类似于炮弹的弹着点或者说跳伞的着陆点，只有破局点精准，才能发挥巨大的暴风眼威力。有了这个点，才有了能将企业积蓄的全部能量集中到一个点上发力的载体。

目前国内企业通常把市场营销分割开来，譬如营销战略只是一个模糊的框架，缺乏分解到基层的战略执行计划，产品策划也只是市场人员为其找的一个卖点，然后是包装设计、广告推广等，因为行业竞争对手请了某某明星做代言，我们便也找一个名人做代言……总体来说，企业缺乏具有战略性特征和竞争性威力的营销运作能力，尤其缺乏熟练驾驭发现并创造营销暴风眼的能力。

结合我前几年主持的十多个策划案例，如格林格电器、亚瑟王智能防爆锁、琥珀金茶、全真教学习机、金浩茶油等，无一不是从寻找基于自身和行业特性而存在的问题，并将这些元素聚焦形成崭新的营销暴风眼开始。事实证明，只要企业找到了可以破除当前营销困境的营销暴风眼，那么市场破局就成功了一半。但营销暴风眼不是你想要找到便能轻易找到的，而是需要有另类的思维视角和一定的方法及创意的，下面我结合具体的案例来说明寻找营销暴风眼和实施营销暴风行动的方法。

聚焦行业弊端（与众人斗）

每一个行业都会存在因为历史、工艺、原料和生产环节及行业竞争态势等因素而留下的在某一阶段暂时无法改变的陋习或者不利于人类身体健康的现象，平时无法看出它的害处。

2005 年，河北 × × 食品有限公司为其方便面产品进行深度策划，当时这一产品仅拥有“不需要油炸”一个卖点。其烘焙流水线是从国外进口的，在日本、韩国和欧洲一些国家已经有不少这种不经过油炸的方便面食品销售了，但在国内尚属于比较前卫的。原来只是针对企业现有的产品做策划，按照一般的策划思路，把产品的卖点提炼一下，然后设计一个推广思路就可以执行了。企业管理层经过商榷，准备“把事情搞大点”，最好能一举成名。由此便将破局的焦点选择在“健康”上，因为作为食品，健康肯定是最重要的。但是光说健康还不行，因为健康的概念比较宽泛，难以将信息聚焦。也就是说如果要诉求健康，也一定要选择一个健康的逻辑或者不健康的逻辑，所以最后将破局的核心锁定在“非油炸”概念上。由不含丙毒的“非油炸”健康食品直接攻击含有大量丙毒的“油炸”食品不健康隐患，应该是符合消费者的认知逻辑的。而当时的方便面行业几乎都是油炸类的，应该说整个行业成为“非油炸”的攻击目标，因为这是行业本身的弊端，这样的攻击肯定会引起轩然大波，其影响力之大可想而知。

聚焦突破性技术（产品升级）

一家专业制造新型抽油烟机的家电企发现了传统油烟机无法吸净厨房油烟的原因，充分运用自身的技术研发能力，将市场上业已成熟的技术进行颠覆式创新和技术改造，经过多次试验，终于成功并获得多项国家专利。技术攻关团队将这款具有颠覆性的新一代厨房抽油烟机命名为旋流油烟机。

在接触侧斜式油烟机之前，我还不知道，厨房抽油烟机竟然还有侧斜竖立在墙上的。技术人员告诉我，传统的油烟机都是悬吊式的，那是最早国内厂家从欧洲直接引进的款式。厨房抽油烟机的原理是吸口离锅越近，抽油烟的效果就越好。欧式油烟机是悬吊的，如果要离锅更近，势必要整体往下调低，而油烟机太低就会使炒菜者的头碰到罩壳。同时，欧式抽油烟机的吸烟原理是根据欧洲人的饮食习惯设计的，他们善“煎”“摊”，油烟很少，仅仅是一些青烟，而中国人炒菜喜欢旺火爆炒，产生的是浓烟，由此看来欧式油烟机的缺陷非常明显。要想抽油烟机的吸烟口离炉灶更近，只有一个办法，就是把油烟机侧斜在炉灶旁边。但因为距离炉灶太近，会使炉火熄灭或者因吸烟风力太大而导致炉火不稳，因而侧斜式抽油烟机必须解决这个实质性问题，就是既能侧斜，又使炉火不被熄灭或炉火不稳，旋流技术应运而生。

旋流技术的核心原理是什么？技术人员告诉我们，要使空气形成一股强烈的动力，就必须促使空气围绕一个点来旋转，旋转速度越快，空气动力就越强。这家公司原创的旋流技术，就是解决了传统风扇无法解决的技术难题，传统风扇扇动的空气是散的，无法聚焦到点上，而旋流技术促使空气流动聚焦到吸烟口上，同时旋流装置能使厨房的油和烟在旋转中彻底分离，残油旋流到油杯里，而烟被旋转吸出通风管道。据说，油烟机的通风管道里，即便使用十年也不会沾染一滴油，因为它送出去的完全是烟雾和气味，不夹带一滴油。

侧斜式旋流油烟机的革命性就在这里，一是侧斜式可以使吸烟口离锅灶更近，且外观更美观，厨房也更加节省空间；二是旋流装置能使吸烟口距离炉灶较近而不熄灭炉火；三是能通过独特的旋流装置使油和烟彻底分离，从而完全净化空气。根据国家有关部门技术检测，这家公司旋流油烟机的吸净率可以达到99%以上，而普通油烟机最多只能达到60%。

之后，我为这款颠覆性的新产品起了一个具有品类和功能特征的子品牌名称"深附吸"，并以"爆炒辣椒无呛味"为作战口号，以"油烟吸净率达99.8%"为核心卖点。要想制造行业影响，就必须向社会公开油烟机吸净率的秘密，并将此作为这家公司攻击行业的暴风眼，把低于90%吸净率的抽油烟机定位为不合格产品，倒逼国家相关部门修改抽油烟机的技术标准，淘汰市场上不合格的传统抽油烟机产品，为"深附吸"让路……

放大虚化的标准概念（推出标准）

虚幻的标准概念，读者可能不甚明了，这里的虚幻标准概念是指当企业确实无法找出更好的推广概念来破除市场困局时，不如以虚幻标准概念入手，通过传播为这一概念创造一个令消费者购买时有选择作用的特别印记。

三精补钙口服液作为一个OTC药品，在推广上有太多的法律限制，至少无法直接诉求功能，即便可以诉求功能，也因为功能规范性说辞而无法产生新意。所以，企业在实的方面无法突破，干脆聚焦于虚幻，并为这个产品创造了一个蓝颜色的玻璃瓶，然后编辑了一个简单的逻辑标准"蓝瓶的好喝的"，至于为什么是蓝瓶的才好喝，那就不重要了。因为传播的概念有了，而消费者也会循着传播的诉求联想"蓝瓶的好喝的"应该是适合孩子喝的。这就是典型的无中生有概念却成功了。

另一个案例与此类似，那就是白酒业的"蓝色洋河经典"，在白酒业普遍都呈现红色海洋的时候，洋河偏偏反其道而行之，竟然将酒瓶做成蓝色的，然后传播点直接聚焦于蓝色，所有的推广主色调也是蓝色，由此洋河蓝色经典成为一个市场奇迹。

小包装食用油巨头，在自己的产品完全覆盖全国市场之后，针对福临门、鲁花等各路竞争对手的竞争攻击，创造性地提出了“1∶1∶1”营养均衡概念。指的是这个油可以达到“不饱和脂肪酸∶中度不饱和脂肪酸∶饱和脂肪酸”为1∶1∶1程度。通常饱和脂肪酸在动物中含量超高，胆固醇等就属于这类物质，而植物的不饱和脂肪酸和中度不饱和脂肪酸比较多。消费者在烹饪的时候，肉类里面是有油脂的，这个就形成了1∶1∶1。

尽管这个概念消费者根本无法感知，但消费者宁愿信其有，因为它是第一个提出这个概念的，而且广告打得这么凶猛，消费者同样要买油，自然会受其影响而选择金龙鱼，而这正是金龙鱼期望的。

还有一些企业在什么都不变的情况下，干脆直接聚焦于信条广告，将所有的传播资源集中到针对目标人群而设计的信条与规范上。譬如国外某女性用品的品牌，在广告中向目标人群输出了一个信条——“女人，永远不能失去自我!”这个带有暗示性质的广告信条直接引起了整个国家关于女权问题的大辩论，从而形成了一个遍及全国的营销暴风眼。

利用一个虚幻的标准概念设计营销暴风眼必须具备三个关键点：一是在消费者的逻辑思维中是可以成立的，而且具备一定的说服力。二是行业中确实还未被企业运用过，提出来后确实有一定的新鲜感，或者至少能给消费者一点新鲜感。三是这个概念提出后，会引起社会的反响。如果你提出的虚幻点在消费者的心智里无法成立或者无足轻重，甚至让太多人笑话，就会有负面影响。另外，用虚幻概念营造营销暴风眼，需要花很多的传播费用，所以不适用资金实力比较弱小的企业。

如果一个企业可以实现思维的突破，即便自身在产品、技术等方面没有太多亮点，也可以聚焦于“虚的层面”，有时甚至是一种集中性的或者主题新鲜的活动，通过适当的传播也可以成为一个能产生巨大市场作用的营销暴风眼，关键是要懂得对暴风眼进行提炼和运用。

暴风效应适合于企业，也适合于个人创业者。尤其是当前的电商独立品牌，在没有流量的前提下，率先将自己的品牌引爆，成为全民关注的焦点，独立商场的流量就诞生了。但有时候我们也可以运用一些巧妙的小招数，促进自己的产品销售。条件门槛策略就是在不增加任何成本的前提下，能让企业的产品销售翻番的营销战术，这就是第二十二个营销怪招——条件效应。

第二十二式

条件效应

化淡季变旺季、直销变畅销的营销怪招

这又是一个瞄准消费者心理弱点的营销怪招，它的成功之处在于隐蔽性好，又顺合了人心，所以成功率非常高。因为物以稀为贵是每一个人内心的牢固认知，一旦某个产品的购买需要具备某种难以达到的条件限制的时候，消费者对这个商品的需求反而更加强烈。在营销中，我们必须从人性的角度观察和思考消费者的购物心理和行为，要善于运用这种隐藏于消费者内心的弱点，来为我们的产品营销提供服务。条件效应就是一个极好的方法，它有意在消费者的内心认知上设置购物障碍，这些障碍就是看上去高不可攀的条件。如果你能通过某种方式让消费者知道通过作弊的手法可以让他获得这种待遇的时候，消费者的购物过程将会是一种幸运的感激。

条件效应，是指企业表面上故意设计一些得到本产品所需要的某些条件，形成消费者想购买而不能的饥饿感和强烈需求感，或者刻意将一款产品设计成有条件限制的促销产品，造成有限优惠的感觉而形成哄抢的局面，这是由企业主体故意设计的旨在促进产品销售的欲擒故纵式营销战术。

我们都是受传统的逻辑思维教育成长的，所以我们的大脑非常喜欢储存对我们有影响的经验，而我们在实际的工作中也会自然而然地运用经验。营销更是这样，当遭遇产品销售障碍，我们就会习惯性地进行降价促销，或者加大广告的传播力度。除此之外，我们想不到更好的方法。

20世纪90年代中期，一个在某冰箱厂任浙江省区域经理的营销好友小何找到我，我们在一起喝了两杯啤酒后他就向我诉苦，说快过年了，可自己区域内销售任务还没有完成，要我帮他想想办法。

通过交流，我发现小何所在公司的冰箱品牌，在华东地区的大城市如上海、杭州和南京等地，均没有太强势的力量，他们的势力基本分布在华东地区的城市郊区和农村市场。小何的管辖区其实就是浙江省的大部分农村市场，这也许是由企业一开始的渠道开发战略决定的。我决定帮小何设计一个针对农村市场的淡季营销策略。

我曾在山东农村市场做过多年的保健品销售，对农村市场的特性有所了解。在农村，品牌名气并不是最重要的，重要的是看这个村的村主任和大户人家买什么牌子。

那时候，上海等大城市到处都在搞即刮式彩票销售，现场停放了很多崭新的桑塔纳轿车。不少人真的刮到了大奖，将20多万元的新车开回了家。

我根据彩票购买者的中奖心理——运气条件，设计了一个淡季冰箱促销方案。我们选择一个自然村作为目标，以提供优惠价值的300元冰箱票作为奖券，与其他白纸混杂在一起。在农民开会的现场，每家每户只能委派一个代表摸彩，中奖比例控制在50%左右，也就是一半的中奖概率。

奖券的面值是300元，中奖者可以凭这奖券去县城指定的冰箱销售点购买指定品牌和型号的冰箱，抵扣300元。货真价实，绝不欺瞒。但规矩是，这个奖券不能兑现，只有30天的期限，过期就作废。

当时，小何的品牌虽然电视广告较少，但农村的民房、围墙乃至猪栏上都刷上了冰箱产品的广告，树杆和电线杆上也挂着企业品牌的横幅广告标语。可以说在农村，这个冰箱品牌已经成了农民心里的知名品牌，这是促销成功的基础之一。

另一个成功的基础是，每年的年终，农民们都要聚在一起评工分，然后就是年终分红，辛苦了一年的工分会在这一天兑现成现金，全村欢天喜地，这时候会有一些产品销售厂家利用这个机会深入村庄摆摊促销。碰到一些货源不充足的紧俏商品时，都会用摸彩的方式处理，这是农村常见的分配方式，大家都能接受。

样板示范时，小何选择了一个有 300 户村民的大村，配置了 150 张冰箱券，也就是说 300 户中仅有一半的人家才有运气获得，而另一半运气不佳的人家则得不到。结果很多家里本身有冰箱的村民，这次又幸运地抽中了，但彩券不得兑换现金，他们又不愿意把好不容易抽中的奖券无偿地送给别人，所以仍然把冰箱买回家。

有一户人家特别有趣，他家有一个儿子两个女儿，儿子已成家，但老人和儿子都摸到了彩券，尽管老人的家里已经有了冰箱，但他们不愿意将彩券白白送人，所以他们凑足了钱，将两台冰箱买回了家。因为两个姐妹都快结婚了，先买了放在家里，结婚时可以将冰箱当作嫁妆……

那些没抽到奖的村民，满脸的遗憾和不高兴，有的向村主任提要求，能否向冰箱公司说说再多弄几张冰箱票子。村主任只能跟小何商量，小何故意面露难色，但他答应一定帮村主任想办法。

第二天，小何立刻给村主任打电话，告诉他已经帮他弄到了 20 张冰箱票。后来村主任几次三番求助小何，而小何总能通过“上级领导”的关系帮村主任搞定。最终通过这种条件限制的策略，这个 300 户村民的大村，在一周之内就销售了 212 台冰箱……

小何带领营销骨干如法炮制，迅速在全省各个县一个村一个村地推广摸彩促销，在春节前后的一个半月内，整个省区创造了连续销售 5000 多台冰箱的巨大业绩。促销活动大获成功，连总公司都搞不懂，在冰箱销售的淡季，他们区域的办事处竟然会有如此突出的销售业绩。

这有点像饥饿营销，现在很多企业都在模仿运用。譬如当初 × ×减肥胶囊上市的时候，就足足空打了一个月的广告，很多女性去药店和商超保健品柜台询问有没有××减肥胶囊卖，结果市场出现了强大的显性需求。

于是，一个月后××在人民大会堂举行全国市场招商会，结果招商会成了区域代理权的“拍卖会”。因为同一地区来了多位要求代理的经销商，只能是销量任务报得高、愿意首付更多货款的经销商获得区域代理权，而××仅仅凭一次招商会，把一年几个亿的销售收入全部赚了回来。

但是，条件效应与饥饿营销还有所不同。所谓饥饿营销，是指商品提供者有意调低产量以期达到调控供求关系，制造供不应求的假象，维持商品较高售价和企业利润率。关键点在于产品对消费者的吸引力，以及如何让消费者感受到供不应求的紧迫感，但刻意的饥饿营销常常遭到消费者和社会的诟病。

苹果手机新品上市也会玩饥饿营销，而且每次新品上市都会选择海外市场，大陆市场总是晚几个月，而且首批货的数量也不投充足，造成全球各销售点通宵排队抢购的情形。大陆果粉纷纷进军中国香港抢购，或者托中国香港的朋友代购……

小米手机也玩过类似饥饿营销的手段，在产品上市前大肆推广，上市了却只是销售一批货，然后官网显示此款手机脱销，需要等待。

其实很多消费品的促销活动都可以运用饥饿营销方法来促进产品销售。与饥饿营销相比，条件效应不仅仅是制造饥饿这么简单，而是故意给消费者设置一定的购物门槛或者某种特殊的条件，使得消费者觉得自己的条件不够而无法购买，这远比简单的饥饿更有层次。

2005年，我帮助一家电器品牌设计了一个“真情回馈10年老消费者”的促销活动。活动的创意是老消费者凭产品的照片和能显示购买日期的相关凭证就可以参与活动，每一位参加活动的老消费者都可以享受换购或者新购同品牌产品6折的优惠。

活动通过各种平面广告的形式发出去之后，各专卖店确实迎来了不少客人光顾，有的真的拿着自己10年前购买的凭证和照片前来，享受到了实实在在的优惠折扣。这个活动也影响了正常购买的其他新客户，有新客户看着同样的产品，别人能享受超低折扣而自己却不能，就向营业员询问。营业员告诉他们，说这是只给10年的老客户享受的折扣。

新客户非常羡慕，所以跟营业员衡量希望获得更多的优惠折扣。营业员往往会先稳住客户，然后佯装跟自己的上级领导打电话提出申请，打完电话才脸露喜色地告诉消费者说，费了九牛二虎之力终于为你弄到了一个老客户享受的特别折扣，但希望不要声张，被别人知道了也不好……随后营业员就从口袋里掏出一张可以享受到特别折扣的10年老客户优惠券，连同产品销售单一起悄悄塞到消费者手里，说："去吧，凭票到收银处付款，您就能享受特别折扣。"新消费者感激不已，急忙去收银台付款，为自己能享受到只有10年老客户才能享受到的超低折扣而庆幸。

如果按照正常的降价或者优惠促销，消费者不会太在意，而我为这个促销活动的折扣设置了"10年"这个门槛后，新消费者就觉得自己不够条件，与营业员商讨后再获得这个优惠。对消费者来说，这是意外的惊喜，同时对这个营业员也产生了好感。

事实上，这个营业员的口袋里装了一大沓这样的优惠券。因为营业员知道，真正的10年老客户不太多，加上由于广告信息不能覆盖到每一个人，所以干脆就将这个优惠券以一种紧俏的方式兜售给新消费者，既促进了产品销售，又让消费者的心里甜滋滋的。

运用故意设置的条件或者门槛进行营销的手法其实很多，关键在于策略的设计。如果你能为一种策略设计一个高不可攀的门槛，然后又偷偷摸摸地帮助消费者搞到这个原本没有条件享受到的待遇，那么这个由门槛限制而产生的条件效应就会产生巨大的营销价值。

其实，条件效应的关键就是设置门槛，让消费者感觉需要具备某种条件才能享受到诱人的利益。了解这个策略的关键要旨之后就不难设计了，要看产品是否适合这样的策略、设计这样的策略会不会产生其他的后遗症。总之，我们要时刻想到消费者的利益，而不是去欺骗消费者。

同样的策略可以玩出不一样的手法，由我们的大脑思维决定。如果你缺乏思维能力而设计不出有创意的条件营销，那么你很有可能花了钱却未必真的对产品销售有帮助。所以，企业要打破常规思维，运用横向思维进行创意设计，无论什么样的策略，哪怕是老掉牙的方法，也可以设计出新意来。营销的决胜，在于头脑而不是市场。

在几十年的营销生涯中，我遇到过太多稀奇古怪的营销难题，从一开始机械地运用营销理论解决难题，到后来凭借自己的思维来破局，这中间我用了近20年的时间。但这样的营销经历也使我养成了用横向思维解决各种营销难题的习惯。有了这样的习惯，一切看上去奇怪的难题只要找到问题的症结，也未必难以解决。

下面的惰性效应其实就是企业在日常营销中容易忽略的一个现象。不要以为产品销量下降是因为产品质量和竞争激烈所致。仔细看看，消费者购买我们的产品，是不是需要付出其他不必要的时间和精力？如果是，你必须要用惰性效应对照着解决了。

第二十三式

惰性效应

破除销售障碍和捕捉商机的营销怪招

人天生是喜欢懒惰的，我们喜欢驾轻就熟，喜欢顺手牵羊，喜欢得来毫不费功夫。这种人性中的缺点，会使我们在消费购物上产生很多障碍，有时候仅仅因为路稍微远一点就放弃了原来的计划，或者因为需要上一个楼梯，我们就不愿意完成某件事……这就是惰性的力量。在设计产品销售环节的时候，我们如果能充分考虑到消费者的惰性原理，就会帮助消费者清除这些需要花费力气和时间才能顺利购物的障碍，从而使产品销售顺畅。同样，找到消费者关于某件事情的惰性障碍，就能发现全新的商机。也就是说，你只要有办法解决消费者惰性的一面，一个全新的行业也许就被你催生了，这就是惰性效应给我们的提示。

人的懒惰属于天性的一种，也就是说，人在做某些事的时候，能轻松则轻松，能简单则简单，绝对不会墨守成规而去追求繁文缛节，尤其是需要耗费体力或者大费周折的事。既然懒惰是天生的，消费者购物时，一旦发现阻碍自己便利，需要耗费比平时多一点时间和精力的事，消费者便会舍弃这一步骤，甚至打消购物念头，哪怕他非常需要某个商品。

但商家丝毫没有注意到这些隐藏在头脑里的潜意识思维，依然向消费者提供按部就班的购物环境和一成不变的购物体验。假如我们能早点意识到这个思维规则，市场业绩或许就有了另一番景象，有时候完全超乎我们的想象。

在东北地区，很多商店的门口都会挂一个门帘，有的是透明塑料条、有的是厚厚的棉花帘。显然，这是因为北方的气候比较寒冷，商家考虑到大门敞开会有冷风吹进来；南方城市也会因为气候炎热，以免外面的热浪进入店内的冷气世界而把玻璃门关闭起来，需要进店购物的客人只得推门或者掀帘而入。

这些门帘因为长时间被众人接触，表面脏污，一是容易传染病菌，二是影响门店形象，总之没有正面积极的意义。即便排除这个可能，消费者的潜意识里也会产生另一种不易觉察的影响，因为进入门店需要用手掀起或遮挡门帘。这么一个不起眼的麻烦动作，会在消费者心里发生极其微妙的变化，有些消费者甚至会有选择地进入商店购物，这究竟是什么原因造成的呢？

山东某城市有一个做零售的老板，因为赚了点钱，或者想让自己的生意更好，花重金把自己的店面重新装修了一下，把原来近乎破败的一个小杂货店装修成了双玻璃门面的小超市。原本指望因此而带来大生意，没想到新开张一个月了，生意却没有原来的好，老板非常苦恼，不知道自己究竟哪里做错了。

“你涨价了吗？”我问老板。

“没有。”老板说，“因为新开张，我还对很多商品实行了优惠政策。”

我基于这样一个角度思考：通常老熟客会因为你的商店装修一新，就会在心里猜测你会因此而涨价，而这种思维在很多地方都有体现。譬如在消费者的潜意识里，简易破烂的餐厅的价格自然便宜，而装修富丽堂皇的酒楼，其餐饮价格自然会很高。这是一个潜意识思维，但大部分也是事实。因此，消费者就会将经验积累在头脑中，并形成这种惯性的逻辑思维。

我怀疑是因为老板的店面装修过于富丽堂皇而导致老熟客的心里产生上述想法。这个老板的店铺左右两边都有类似的小杂货店。我问过老板，这两家店都因为他的装修而生意好过了以前。

消费者认为装修后店铺的商品价格会上涨，这是我怀疑商店生意变差的第一个原因。我继续把视线扩大到其他层面，并运用相关思维的扩散来观察并分析小店的问题。我再次仔细观察了这个装修一新的小店，有一个现象引发了我的思考，装修好的新店门前有一个四级的水泥台阶，看得出，这肯定是新修的，因为台阶上的水泥是青色的。

“原来有台阶吗?”我问老板。

“没有。”老板说，“原来这里是一个斜坡，后来我看到这个小土坡不雅观，而且正好有现成的砖头和水泥，就用砖砌了台阶，并浇上了一层水泥……”

“原来如此！导致生意不好的罪魁祸首就是这个台阶。”我指着脚下的台阶对老板说。

“不会吧?”老板对我的说法十分意外，而且深表怀疑，“这有影响吗?”

我说：“有。因为消费者的潜意识思维是一个很奇怪的过程，一般到你这里来买东西的消费者都是来买一些应急的物品。人都有惰性，也就是能快则快、能简单就简单，小店原先没有台阶，消费者顺势就进来了，现在他们要爬四个台阶，内心自然会有一点不愿意……”

“就因为这，情愿到我隔壁小店里买?”老板还是一脸的不相信。除了这个原因我确实想不出其他原因，所以我竭力怂恿老板把台阶拆了，改成比以前更平坦的斜坡。

老板半信半疑，虽然觉得拆掉台阶不是什么难事，但好不容易装修好的就这么拆了有点儿可惜，所以有点儿不情愿。

我告诉他，惰性是人一出生就具有的，就像有的人天生善良，但随着环境的变化，惰性也会有所改变。一个人如果家庭环境好，不愁吃不愁穿，又何必勤快呢?

当然，环境只是一个方面，事实上造成人类惰性的因素很多，因为人的想法不一致，所以即使是那样的环境，也会有不同的情况。在好环境下，也会刻苦；在坏环境下，以为努不努力都是徒劳的，就会有惰性了。

在我的极力劝说下，老板当天晚上就把台阶拆了，然后垫了点土，用水泥铺了一个比原来更长更平的斜坡。

几天之后，奇迹发生了，小店的生意逐渐恢复了，半个月后，这个翻修后新开张的小超市，生意又恢复到了装修前的水平。随着过路散客日益增多，2个月后生意远远超过原来的水平。

长久以来，无论是我们所处的环境还是所受的教育，懒惰都是被人们鄙视和嘲笑的。其实，人们并没有发现懒惰背后的事实。懒惰一度被人们链接到性格甚至道德人性范畴，其实不然，懒惰只不过是心理障碍或者潜意识中的一种表现罢了。

这种心理障碍或者潜意识思维有点类似于抑郁，是在压力面前的退缩表现。这里的退缩不是胆小的意思，而是心智的退缩，是为了保护自己内心不受到伤害或者额外的劳累，为了不重新经历一次最不敢面对的境况而产生的退缩。由于这种退缩，使得这个人可能对什么事情都不感兴趣，失去了行动的动机和动力。

实际上，人们很少知道，在这种情况下如果这个人不退缩，他的精神很可能就崩溃了，他这样保护自己并不是没有道理的。这些人因为严重的惰性成疾，需要正确的引导和帮助，化解心理阴影并慢慢地使特定的心智模式逐渐成熟起来。反映在商业上，消费者的购物心态其实跟惰性关系非常大，我发现很多人在购物时因为需要多走一步或者多做一个动作而情愿取消购物行为。

2005年，我在东莞策划一个保健品项目，因吃住在当地，便在企业老板的引荐下认识了一个国内某食品品牌的区域代理商张老板。张老板听说我有与众不同的商业策划思维，便求教于我。一次，我们在喝茶时他问我，为什么他在当地最大的超市里的产品一直没有产生大的销量，有一段时间几乎处于僵死状态，也就是说货架上的产品大部分时间没有销售。张老板已经接到了超市方面的通知，如果这种状况继续下去，下个月就淘汰出局。这样的结局意味着张老板为超市投入的众多费用打了水漂，也动摇了他继续代理这个产品的信心。

我让张老板带我去了一趟超市，观察了他的产品货架，发现了问题的症结。我对一旁的张老板建议道："去向超市主管部门申请，将商品的货架往下移动一格。"张老板问我为什么？

我说："很明显，你的产品货架太高，一般高于 1.73 米的人才能伸手拿到产品，否则需要踮起脚尖才可以接触到产品，而这个产品购物的核心人群是女性。女性的平均身高一般在 1.63 米左右，正常情况下她们是无法伸手够到产品的，如果确实需要这个产品，她们就必须踮起脚尖伸长手才能取下产品。但人们潜意识中的惰性思维使她们的行为有所改变，转而寻找可以取代这个产品的其他商品了。"

"不会吧？"张老板一脸的迷惑，"就 10 厘米的高度，消费者就不愿意付出一点点努力去获取生活需要的商品？"我笑了笑说："是的，人的惰性有时候是很微妙的。"

后来张老板通过与超市协商，将产品的货架摆放往下移一格。几天之后，张老板的产品开始动销，而且销量非常可观。张老板对区域内的所有商场超市的产品货架进行了调整，结果所有的终端都出现了可喜的变化。

有超市购物体验的人都知道，有时候仅仅因为一点点的附加努力和一点点的等候时间，我们就会放弃对某种产品的购买行为。譬如收银台前排队等候的人太多，你可能会放弃手里拿着的一瓶饮料，转而去附近的小商店购买；你刚走出超市大门，发现漏买了明天早餐用的牛奶，摆在你面前的是两种状况：一是再次返回超市买牛奶，但必须忍受一段时间的收银等候；二是明天的早餐干脆不喝牛奶，或者到住宅附近的小杂货店购买。几乎 90% 以上的人会选择后者。这样的结果再次证明了人类惰性在某些时候彰显出的力量。

在生活中，经常会出现这样的情况，如果你邀请异性朋友吃饭，通常会把约会地点选择在离自己比较近的场所，而被约的女性也很希望你最好去接她过来，你可能觉得专门过去接人太麻烦而告诉她打车过来。但对方可能因为自己还要叫车就取消约会。这些意外行为，其实都是潜意识中的惰性使然。

所以，通过对人性的洞悉，我们不难发现每个人心中存在着各种各样的惰性，如果这些惰性阻碍了产品销售，我们就必须帮助消费者消除这些障碍，让产品销售畅通无阻。除此之外，我们还可以通过发现消费者的惰性并对这些惰性加以利用，就有可能发现有利可图的巨大商机，产生一个全新的蓝海市场。不信？那我们来看看，当今不少产业的诞生，其实就是人性的惰性使然。

消费者想吃面条，但煮面条需要很多的条件限制，譬如炉子、锅、调料和碗筷，还需要等待的时间。具有敏锐商业头脑的人发现了这个消费者惰性带来的商机。于是，不需要炉子，不需要锅，也不需要调料，甚至不需要碗筷，只要开水一冲，我们就能品尝到一碗香喷喷的面条，这就是方便面诞生的背景。从此之后，速冻饺子、汤圆等产品，也开始走进我们的生活。

消费者想吃鱼，但吃鱼得先去农贸市场购买，然后杀鱼、把鱼洗干净，需要葱、姜等佐料和调料，还需要烧鱼的技能。更重要的是，吃鱼的时候，还要注意鱼刺。于是，有人就发现了这个消费者惰性的商机，诞生了即食的鱼罐头，而且这是一个拥有上百亿元的大市场。

在国外，甚至专门为那些不愿意自己煮饭、炒菜的懒人们准备了无数的半熟产品，消费者只要去商场超市把自己想吃的食物买回家，放在微波炉里一转，就可以吃上一顿热乎乎的晚餐。即便是招待客人，也因为主人花了一些时间来料理这些半熟菜肴，客人也会对此恭敬有加。

我们长时间在电脑前工作，甚至不愿意离开电脑去吃饭，于是送外卖就成了餐饮业新的商机，甚至还诞生了许多外卖品牌；天猫、淘宝、京东、苏宁等电商平台的诞生，就是基于我们不愿意花时间去商场超市购物，讨厌商场收银台前长长的等候队伍，更不愿意疲惫地提着沉重的商品回家……

在商业行为中，如果我们能够及时发现和挖掘出消费者在购物时微妙的惰性思维，我们就会预先想办法解决掉这些购物的障碍，从而激发消费者更积极的购物心态。仔细研究消费者的惰性，重视这些惰性，有时可以为我们带来商业机会。所以，消费者的惰性不可怕，可怕的是我们对此过于麻木。

除了消费者不愿意付出额外的成本、时间和精力外，有时候消费者还会把购买商品的过程当作与店家博弈的过程，尤其是女性消费者，更是对这种潜意识下的行为乐此不疲，因为她们通过自己的智慧较量而获胜的时候，内心就会滋生一种胜利者的成就感。如果你稍加注意，就会发现这种现象无处不在，正确处理好、应用好博弈效应，就会让你的产品和门店销售越来越好。请继续阅读第二十四个营销怪招——博弈效应。

第二十四式

博弈效应

以投其所好和化解对立来促进产品销售的怪招

与前面的惰性效应一样，博弈也是人性中的一种需要，尤其是对于男性而言，博弈心态更严重。消费者购物时，自然形成了消费者与店家或者品牌商的对弈结构：消费者希望货真价实或者更便宜一点，而店家或者商家则希望每一次交易都能获得更高的利润。两种渴望形成的焦点便是一种博弈心态。对于商家而言，如果消费者来购物且内心隐藏着某种博弈，则对产品销售是不利的，我们必须化解消费者心中的博弈欲望，或者让他们的博弈欲望自行落空；我们还可以积极一点，干脆运用好消费者的这种博弈心态，诱惑他们进入我们的策略中，以博弈的快感让消费者参与其中，这种促销活动就能起到潜移默化的作用。

博弈效应，是指两人或多人在平等的对局中基于对方的策略变换自己的对抗策略，最终获得胜利的一种竞争方法。常见的是战争中的双方进行斗智斗勇和象棋交战的双方。在这里是指企业运用巧妙的方法来化解消费者与商家之间的博弈心理，同时又设计、诱使目标消费者参与企业的博弈活动的一种心理营销战术。

人与人之间的博弈是一种快感

博弈通常是在分析自己与对手的利弊关系之后，确立自己在博弈中的优势。因此，有不少博弈高手专门撰写了博弈理论，可以帮助对弈者分析局势，从而采取相应的策略，最终达到取胜的目的。博弈的类型分为：合作博弈和非合作博弈、完全信息博弈和非完全信息博弈、静态博弈和动态博弈等。

商业社会中，消费者与商家之间的关系应该是一种真正双赢的合作关系——消费者从商家购买到自己喜欢的商品，商家从消费者的消费中获取利益。但是，商家的本质是利益至上，所以消费者就会感受到自己不知不觉成为商家捕猎的对象。消费者的潜意识中，就有可能会上当受骗或者成为商家的一个战利品的想法。于是，很多消费者把与商家进行交易的过程不自觉地当成购物博弈过程，尤其是对信任度较低的行业和品牌。

从表面看，大部分人喜欢购物是因为发现自己喜欢的商品并获得愉悦感或者说成就感的过程。你可能有所不知，在消费者的潜意识中，这种购物过程有时候竟然是消费者与店家的智慧较量的过程。因为很多消费者购买到便宜的商品之后就会有博弈获胜的成就感。最突出的表现就是在讨价还价上，有不少人甚至喜欢将讨价还价当成自己的一种能力或成就感来炫耀。购物中消费者与店家的博弈过程，其实就是隐藏在消费者购物乐趣之中的最大快感，表现得最明显的是女性消费者。

消费者为什么会产生博弈心态呢？因为在消费者的心目中，自己与商家之间存在不公平或者不对等因素。首先，消费者对产品技术、生产技术、生产工艺、包装、成分、功效和质量等信息都是不对称的，无法获知自己购买的商品是不是真的能解决自己的问题。其次，商家是品牌，是集体，属于强势一方的，而自己是个体，属于弱势一方。最后，在消费者的潜意识中，商家就是专门等待自己这样的消费者来消费，从而赚取利润达到发展的目的。有的理性的消费者更是觉得，是消费者养肥了商家，甚至有的消费者认为，商家卖给自己的商品是暴利的……这些汇总的结果，造成了消费者与商家之间的博弈心态。

人，无论男女，潜意识中都对赌博有一种难以形容的快感，只是男人更喜欢沉于其中，而女性对赌博的快感则隐藏于略有成就的过程体验。也就是说，男人不为输赢仅为喜欢这种博弈，体验这种因博弈而带来的快感；而女人则不同，虽然也喜欢追求过程的快感，但她们更满足于胜利带来的快感。

经常去农贸市场的人应该遭遇过这样的场景，即便是家庭条件非常好的家庭主妇，买菜时依然喜欢与菜贩子讨价还价，有时候哪怕仅仅是几毛钱，双方也会争得面红耳赤。这可以说明，博弈快感确实隐藏在女性购物的“战利品乐趣”之中。

大部分商店的店主和营业员，都会对进入本店的消费者说一句“欢迎光临”或者“随便看看”，先不说这样的话究竟会让消费者产生什么样的感受，单就不痛不痒的语气也不会让消费者感到满意。这是因为没有深入对消费者的心理进行研究分析，很多店几乎是站在自我的立场来假想消费者其实喜欢“欢迎光临”或者“随便看看”。事实真的是这样吗？回答显然是否定的。

消费者与商家之间的博弈源于商品信息的不对称。我知道你的产品零售价，但是你销售一件商品获得的利润是多少，或者你给我的最低价是不是真的，普通消费者就无法知晓了。

譬如健身会所门口前的营销员（大部分为青年男性），目前是很多健身会所常规的营销方式，但真正接受的消费者很少，原因很简单，你如此亲热地打招呼，必然隐藏着不可告人的目的。而健身会所的目的自然是盈利，会员越多，盈利越丰厚。健身会所的营业成本基本是不变的，尤其是硬件。这就需要会所招纳更多的会员，甚至销售更多的会员卡才能盈利。

销售人员在与经销商洽谈合作时，彼此的信息也是不对称的。经销商不知道你会不会为了自己的销售任务而出卖他？更不知道你给他的销售政策是不是公司里最优惠的？所有你承诺过的销售支持会不会成为一纸空文？谁知道你的产品是不是真的像你说得这么好？卖不掉怎么办？等等。

引诱消费者博弈来促进产品销售

换一个角度来看待这个问题就会产生不同的效果，其实运用好消费者的博弈心理，有时候能给我们的销售带来帮助。

2007 年，我在帮江西 × × 卤味专卖店进行单店盈利提升策划的时候，就曾在一家新开张的门店做过一个促销活动。活动是在专卖店门口摆放了一个木盒子，盒子只有一个可以供人伸手进出的圆孔，盒子里面全是 1 分、5 分和 1 元的硬币。

活动规则是，一个人只能用一只手抓一次，抓到多少硬币，结算下来多少钱，就可以获得多少价值的酱卤食品优惠券，凭优惠券可以购买半价商品。如果你一把抓到 50 元，你就可以购买 50 元的半价商品，换句话说，等于抓到了 25 元真金白银。

活动非常成功，参与度非常高，后来限制一人只能抓一次，但依然有人在排队，一个单店在一天之内竟然做到了 6 万元的销售额。后来依葫芦画瓢，我们在很多店铺门前大搞促销活动，整个专卖体系的销售额直线上升。

其实，类似于这样的促销活动很多，我们平时在步行街看到的气枪射击气球、用环套玩具，以及投币自动手臂抓取公仔等都属于引诱消费者对博弈的快感而设计的销售道具。如同很多商家会在店门口放置一个轮盘一样，中奖就会获得店内商品优惠或者免费赠送等，吸引了很多贪玩的消费者。

越来越火爆的彩票销售，更是吸引了渴望一夜暴富的打工群体。根据深圳一家彩票销售机构的调查，彩票销售网点在打工群体密集的工业区业绩更好，因为打工群体更渴望通过购买彩票中大奖来改变自己的命运。

饮料行业普遍流行的“再来一瓶”或者“开盖有奖”，其实都是为了迎合消费者的博弈快感而设计的促销游戏，尽管这类方法已经被商家用烂了，但屡试不爽。每次活动都会有消费者参与，这都是博弈快感起到的效果。

读到这里，大家有没有感觉到，市场营销真的很好玩，而且非常具有研究价值，因为市场营销说到底就是一种驾驭人性和潜意识思维的能力。不要急，洞悉人性，驾驭消费者思维的营销战术后面还有很多种，接下来我就为大家介绍一种非常有杀伤力，在潜移默化中产生作用的营销怪招——良心效应。

第二十五式

良心效应

震撼人类道德底线的隐形怪招

人之所以是人，皆因我们有“良心”这个东西。良心，顾名思义是一种具有良好心态的表现，它是一杆区分一个人是恶人还是好人的秤。通过这杆秤我们很容易看透一个人的心，他是好人还是坏人，值不值得信任。在市场营销中，运用好良心效应，则会起到巨大的销售促进作用，因为这个时候，你的产品不是因为质量好，或者消费者特别需要，而是购买产品本身的行为被赋予了一种特殊的意义——一种有良心的行为。良心效应就是一种能触发人类的道德底线，触动心灵的隐形怪招，它的力量可不是广告可以比拟的。利用人的良心进行营销，或者干脆直接触动目标人群的良心底线，让他们感动和流泪，这股力量将会为我们的产品销售带来无穷的价值。

良心效应，是指一个人内心真实的道德底线，良心有时或者有些地方也被称为上帝的声音，但是在这里，我们只从哲学角度去理解或者从商业角度去阐释，所有超自然的表现是道德范围以外的题目，不属于我们研究的范畴。

良心不是一个特殊的学问，良心不过是理智的一个特殊功能，这个功能可以判断出自己个人行为的正确与错误。良心其实就是理智的实用功能，它不处理一般理论问题的正确或错误，如“为什么撒谎是错的?”“为什么正义要得到伸张?”而处理实际的问题：“我在这里和现在该做什么?”“如果我这样做了，我是在撒谎吗？我伤害到他人了吗?”

良心可被定义为实际判断个人行为是好而进行，或行为是恶而要避免的心理判断和决策过程。因此，良心也指理智地判断个人行为正确和错误的学问。通过理智能力推理的过程，达成正确的判断，而判断本身就是这个推理过程的结论。

良心是一个抽象的词语，是指一个人道德的最后底线，也是一种道德的评判标准。良心是一种由人的行为表现出来的人类自身对待事物的基础准则，有无良心全看一个人对待事物的态度。

每一个人的内心深处都有一条最后的人格底线。某人对于社会来说也许是一个穷凶极恶的杀人犯和暴徒，但他在面对自己的父母和其他亲人时，这条最后的人格底线就会显现，这就是人类的良心底线。良心属于道德范畴，是人类区别于其他动物的核心特征，所有违背良心的行为都不会被人认同。所以良心，也通常指一个人最后的行为底线。

在我看来，良心应该是指人类处于道德底线的一种潜意识心理思维，每个人都具有基本的良心底线，哪怕是穷凶极恶的杀人犯，他也会在心底保留着对家人的一丝良心，丧尽天良的人通常是指丧失了良心底线的人。

市场营销其实就是一场看不见硝烟的战争，它具有战争的一切特性，如同样是征服人、同样是为利益等。所以，作为营销策划人，我在进行项目策划时常常会以战争的思维进行策略设计，当一个产品的常规营销策略都不起作用的时候，我就会采用另类招数，也就是常规营销教科书里没有的营销策略。

运用触发消费者的良心底线进行营销推广，是我在研究消费者潜意识购物时的发现。通过故意让目标人群良心不安，将原本不具备刚性需求的产品设计成能触及消费者道德和良心底线，让消费者不得不购买的必需产品，从而形成大规模销售的一种心理传播战术，这个战术成功运作的案例是2009年的一款智能防爆锁。

2009年，我们将一款价格8600元的指纹锁，卖给了一个有4000多户居民的住宅小区，打的就是良心牌。

作战背景：产品价格太高，大部分家庭无法接受，一些新装修户的门锁选择几百元的传统用钥匙的锁具。而消费者在家庭安全的感知方面、对锁具的敏感性远远不如防盗门，也就是说，消费者愿意花几千元购置一款安全级别较高的防盗门，却不愿意花太多的钱购置更安全的锁具。

这说明消费者对门的安全有深刻认知，而对锁具的安全认知不深刻。这是一个严重的认知误区，但是它却是客观存在的。也许是因为门业的企业对消费者进行了长期的教育，而锁具企业没有这么做，真正需要安全性能保障的锁具倒失去了安全认知，而门却走到了前台。

作战步骤：我选择了一个拥有4000多户住户的中高档住宅小区作为攻击对象；通过与当地派出所和保安部门进行沟通取得他们的支持和协助；最后以较低成本的DM直递方式，向全社区的住户进行宣传。

究竟宣传什么？是直接告诉消费者锁具很安全，能保障你的家庭安全吗？肯定不行，因为这种直接诉求安全的传播行为效果最差。

我开始了思维演绎，一把锁如果有安全漏洞，就等于给犯罪分子提供了可乘之机，窃贼可以轻松进入居民家中实施盗窃。如果这户居民家中有小孩在家呢？小孩与窃贼就会发生冲突，一个10岁左右的小孩与身强力壮的窃贼发生冲突，最终的结果会如何？一般家庭中都会有女人和老人，他们如果在家中遭遇开锁进入的窃贼，会发生什么？

我通过互联网搜索，结果发现了很多类似的刑事案件，而通过走访公安刑警队，又发现了很多由盗窃演变为伤害或者杀人的案件。由此，我感觉到只有将一把锁的购买安装上升到一个家庭责任人的良心高度，才能撼动消费者的购买决策，也就是说不给家人安装（购买）智能防爆锁的行为，就是没有良心的表现。

于是，我亲自撰文，写了一篇直接攻击目标对象，即居民家中的男人，关于良心底线的文案，让设计师设计了图文并茂的DM单。在文案中，我向住户透露窃贼常用的撬锁方法（除专业工具外，还可以用火柴杆、口香糖、石灰等开启）及开锁所需要的时间，以证明在普通人眼里安全的锁，在窃贼眼里等于没锁，厉害的几秒钟就可以轻松打开（真相策略）。

我提供了三个真实人员伤亡案例，伤亡人员是老人、孩子和女性。郑州市某小区，两名12岁的男孩在家中做暑假作业，窃贼以为没人，就通过技术开锁轻松进入，结果与家中的孩子相遇。慌乱中，窃贼将其中一个男孩掐死后逃离现场……

上海市某高档小区，一个28岁的待产女性在家休息，窃贼以为室内没人，就开锁进入，翻箱倒柜之际惊醒了女主人，她大声惊呼抓贼。窃贼惊慌之中推倒了女主人，随后跳窗而逃，女主人流产住院……

深圳市某高端别墅区，两位老人在阳台上晒太阳。窃贼通过技术手段轻松开启防盗门并顺利进入主卧室行窃，没想到离开时与正在客厅喝水的老人撞了个满怀，为防老人呼救，窃贼把老人打昏后仓皇逃离，结果老人中风不治……

这三个涉及儿童、妇女和老人的伤亡案例都是真实的，只是发生的城市有所不同。案例针对性很强，案例中受伤害的都是家庭的核心人物——中年男人保护的对象，也是最令他们牵肠挂肚的至亲爱人。

这三个案例的真实意图是告诉目标人群，窃贼的目的虽然是盗窃财物，但在实施盗窃过程中由于室内有人或者被发现，就有可能演变为伤害或杀人犯罪。言下之意，窃贼光顾的不仅是家庭财产，极有可能会造成人员伤亡。

在案例后，我们又加注了警察的评语，要求大家提高警惕，配合公安机关做好防盗工作。同时向住户发出警告：外出请关好门窗，家中不要留太多现金，请安装没有钥匙孔的防暴锁，发现可疑情况立即报警等。

根据人的潜意识研究，我发现通常最能起到推动作用的往往是能触及人类良心底线的语言。根据这个原理，我有针对性地向目标消费者打出这样的标题，“你可以省下这笔钱，但你能置家人的生命危险于不顾吗?”“花 8600 元，为家人买一生的安全保险!”“保护家人安全，做一个有责任感的男人!”等，将购买一把锁的消费行为上升到保护家人人身安全的责任感诉求上。这些传单通过公安派出所民警和社区保安的手，直接传递到每家每户，像一颗颗重磅炸弹，轰炸到了目标消费者的内心深处，原本消极理性的住户变得积极感性起来——“相比之下，家人的生命和财产安全才是最重要的。”“我可不愿意成为家人心目中没有责任感的人。”“不就是 8600 元吗，干吗要提心吊胆地过日子?”一旦触动了人类的良心，再不采取行动购买此类产品，他就会感到良心不安，觉得自己不是一个有责任感的人。

通过精心策划，原本无法动销的高价非刚性需求的耐用品——智能防暴锁，经过两个多月的连环战术精准推广，最终成为这个社区每家每户的必需品，从而彻底打开了销路，激发了经销商的销售热情。

使用良心战术，最重要的环节是如何把一个产品上升到道德层面。如何让目标人群的个人购物行为与最重要的亲情联系起来，将一个单纯的产品购买决策上升到良心行动，需要策划人员进行深入地研究和策略设计。

适用良心战术进行营销推广的产品很多，譬如厨房电器，可以显示出一个男人对妻子的爱意，这样的推广比较常见，很多厂家已经在做了。但是如果把一款厨房电器上升到良心层面，触动就更大了。

了解我的人都知道，我喜欢做饭，除了喜欢吃自己熟悉的口味的菜肴外，一个原因是我不愿意让我的爱人进入厨房。为什么?因为炒菜时油锅里的油会溅出锅外，甚至有可能溅到人的身上，严重的溅到脸上和眼睛里。

因为我深知炒菜的这种危险，所以我绝对不会让细皮嫩肉的爱人到厨房掌勺。这虽然看上去是一种爱情的表现，但是潜意识之下，更是一种良心作用——我情愿自己受苦受累，也不愿意爱人受罪。如果某企业有一款产品推广，绝对可以针对男性的良心开刀，也许能轻易打开市场。

纳爱斯的雕牌洗衣粉在越来越激烈的广告竞争中选择了走情感路线的

良心战术，以情动人，大获成功。画面开始是唯美的音乐，然后出现一对母女。母亲伏在孩子的身边，然后孩子开始自述："最近，妈妈总是唉声叹气，我要给妈妈一个惊喜。妈妈说雕牌洗衣粉只要一点点就可以洗好多好多的衣服，看我洗得多干净。"伴随着孩子的自述，画面从母亲不断地寻找工作切换到孩子在家用雕牌洗衣粉洗衣服，然后一个人坐在沙发上蜷抱着等妈妈回来，再切换到妈妈回来后孩子已经睡了，旁边有一个小字条——"妈妈，我能帮你干活了"，广告以母亲看后泪水奔涌而出结束。结尾部分的字幕和商标，巧妙地借助了高潮部分的理念，将"雕牌洗衣粉，至真至爱的深情"牢牢地植根于消费者心中。

这是一个关于普通下岗家庭的感人故事，整个广告融入了浓浓的亲情，让人置身其中，情到深处自然浓，母女相依为命的感情跃然纸上，怎能不让人深深感动。

这个广告是在春节期间投放的，与所有欢天喜地的贺岁片形成了强烈反差，让很多人过目难忘，甚至很多家庭主妇为之潸然泪下。也正是这个广告，让纳爱斯集团在竞争日益激烈的日化洗涤市场中，一年之内创造了洗衣粉单一产品销售额增幅 15 亿元的奇迹，令整个洗涤行业为之震惊。雕牌洗衣粉也由一匹黑马一举成为洗衣粉市场的龙头老大，彻底改变了中国洗衣粉市场的格局，而这离它重新进入洗衣粉行业并获得行业第一名仅仅用了 2 年时间。

无独有偶，2006 年农夫山泉股份有限公司与中国宋庆龄基金会达成协议，共同举办"饮水思源"助学活动。双方约定自 2006 年 1 月 1 日起至 2006 年 7 月 31 日，农夫山泉公司以每销售一瓶农夫山泉就提取一分钱的形式推动"饮水思源"助学活动，捐赠总金额不低于人民币 500 万元。上述捐赠款项计划包括为万绿湖、千岛湖、丹江口和长白山地区共 1002 名小学生提供小学教育助学金总额约 131 万元；为贵州地区 400 名小学生和四川地区 100 名小学生提供资助约 53 万元；为万绿湖、千岛湖、丹江口和长白山地区提供小学教育设施和图书配送约 187 万元；为"饮水思源"专题水源地和北京夏令营活动提供资金约 130 万元。

于是，“你每购买一瓶农夫山泉，等于向希望小学捐出一分钱”的影视广告在央视播出。一分钱就让普通消费者参加活动。在个人的良心行动的潜意识思维中：同样喝水，买农夫山泉的同时，我还在做公益性捐赠，何乐而不为呢？由此，农夫山泉矿泉水的市场销量直线上升。

良心战术是一种触及人类道德底线的高级战术，一旦找到良心触发器，产品的推广就很容易成功。但是良心战术必须货真价实，切忌弄虚作假，一旦被人揭穿，企业和品牌必将万劫不复。

良心是一个人的道德底线，没有良心，这个人基本也就废了。一个营销策略如果能全面地植入良心策略，那么非刚需的产品也会变成强大的刚需产品，销售自然不在话下。但是我们的营销不能总是紧盯着让消费者掏钱的策略，应该将营销升级。

尽管良心效应、身份效应和感性效应都属于聚焦消费者精神世界的营销策略，但总体而言，这样的销售也有一定的局限。当一个品牌的产品做到与目标人群的群体性格吻合，甚至能引发目标人群的群体响应和共鸣时，品牌实际上已经上升到品牌信仰层面了。了解更多，请继续阅读营销怪招第二十六式——性格效应。

第二十六式

性格效应

品牌营销策略中最具杀伤力的致命一招

性格是指每个人思想和行为的独特习惯，有时候，人们会修饰、隐藏自己的性格，但有时却特别希望展示自己的性格，说到底这是人类的一种需要。譬如和女朋友约会的时候，我们特别希望向她展示自己性格独特的一面，而这个独特的一面正是她欣赏的。而在同性面前，我们又特别希望向他们展示自己与众不同或者高于他们，可以让他们羡慕或者欣赏的一种性格特征，尤其是青年人。当前消费市场最核心的力量就是青年群体，电商更是受青年人青睐。但很遗憾，企业营销似乎从不关注消费者对性格彰显的需要，我们至今还没有诞生一个足以引发某群人追捧和狂热信仰的性格品牌。究其原因，一是我们的企业尚未意识到，二是我们不懂得如何驾驭。而这个空隙就是我们企业后来者制胜的机会。

性格效应，是指企业在市场营销的开始阶段，就要精确地瞄准目标消费群体的性格特征，尤其是他们内心真正的需求。然后针对性地创建品牌、塑造品牌和运作品牌，将整个品牌的营销过程运作成与目标人群性格相吻合，或者说使品牌能最大限度地发出一种近乎信仰纲领的呼声，以唤醒或赢得目标人群集体响应的一种至高的精神力量，从而成为消费者性格的一种代表的品牌营销方法。

我曾在感性效应的文章中提到过，中国市场在刚成型之初，企业营销采取理性的手段，聚焦于产品的质量、功能功效、配方和技术等领域是符合形势需要的营销手段。但随着中国社会的发展，尤其是生活水平的提高，我们的需求已经从最初的物质需求上升到精神层面的追求。尤其是当下的企业营销，已经不能再聚焦于产品的质量、功能功效、配方和技术等物质层面了，而应该关心消费者喜欢什么、追求什么、炫耀什么，或者进一步挖掘消费者内心世界，去寻找他们内心真正在追求、而现实中却很难满足的那些元素，然后将其设计到产品和品牌的营销中，让产品或者品牌成为消费者彰显自己性格特征或者精神追求的一种价值标签和道具。

但事实是，当今中国市场上的所有品牌，几乎都达不到这种要求，或者说品牌做不到这个水平，无论是营销策划公司，还是对品牌颇有研究的广告公司，都将营销的焦点放在对产品卖点的挖掘和品牌定位的设计上，严重地忽略了消费者的精神需求，至今未能诞生一个能从内心征服消费者的性格品牌。

娃哈哈只是一个做得比较好的饮料品牌，农夫山泉只是一个做得比较知名的矿泉水品牌，红牛只是功能饮料行业排行第一的品牌，汇源只是果汁行业排名第一的品牌，康师傅的红烧牛肉方便面做得比较好，统一是来自中国台湾的饮料品牌……这些品牌的产品都是卖给所有人的，没有族群的消费特征，缺乏鲜明的性格标签。

只有百事可乐在诉求青年一代，但也只是在传播中用了一个诉求点而已。它是来自美国的品牌。可以说，中国本土的很多品牌，都在性格市场上找不到影子。它们统统沉湎于对产品质量、功能功效、配方、技术和所谓的品牌定位诉求，如什么第一、绕地球旋转多少圈、大自然的搬运工等。

什么是性格品牌？性格品牌一旦推出市场其产品就会被目标人群疯狂抢购，甚至以使用这个品牌的产品为骄傲。性格品牌一旦被目标人群接受，那是十头牛也拉不回来的品牌忠诚力量，使用者会将这个品牌的 LOGO 和产品当作自己炫耀的标签和彰显自己性格的道具，一旦有人诋毁这个品牌，他们会团结起来与诋毁它的人进行决斗。

1976 年 4 月 1 日，一家名为苹果的电脑公司在美国加利福尼亚州成立，推出了以苹果为品牌的个人电脑产品，而且产品完全打破由 IBM 等大企业传承的正方形显示器和黑颜色电脑外壳，首次采用白色和宽屏显示器，成为青年时尚人群的最爱。创始人为史蒂夫·乔布斯、斯蒂夫·沃兹尼亚克和罗·韦恩。1980 年 12 月 12 日在资本市场上市，创下了 6235 亿美元的市值纪录。

尽管苹果公司的品牌名称也不是专门针对消费群体创建的，而是受乔布斯从圣经中亚当和夏娃背叛上帝偷吃禁果的故事中汲取灵感所创。但随后乔布斯在产品的设计、性能、使用习惯和体验上，完全向它的目标——具有叛逆性格和先锋力量的人群靠拢，甚至在品牌的推广上也一并展示其叛逆另类的性格特征。

在第一部个人电脑的广告片中，乔布斯甚至不请演员，自己充当广告主角，率领自己的员工拍摄了一部非常有争议的广告片。广告片中的乔布斯，手提一个超大的铁锤，带领员工向前冲锋，直到一座高楼大厦阻挡在面前，而大厦上 IBM 三个蓝色的字体非常醒目，乔布斯毫不犹豫地挥起铁锤，狠狠地砸向面前的大厦，大厦轰然倒塌，雄浑的男性画外音“Apple 时代来了”，瞬间，一台非常漂亮的苹果电脑闪现在观众面前。

据说，这个广告推出不久，苹果电脑的销售柜台就排起了长龙，产品销量遥遥领先，超越了 IBM，成为个人电脑绝对的第一品牌。因其卓越的性能和漂亮的外观造型，苹果电脑一度成为性格彰显的设计师们的最爱，成为各类设计师的首选品牌，后来甚至传出苹果电脑就是专门为高端设计师设计的电脑等。

苹果的影响力还不止于此。当苹果推出笔记本电脑的时候，一些品牌的忠实信徒立刻购买，也就是说，同时拥有台式电脑与笔记本电脑。更有甚者，好莱坞的电影导演都将苹果电脑当作某种高级公司管理层的标志，几乎80%以上的好莱坞电影，只要影片中出现电脑的镜头，电影角色所使用的电脑品牌绝对是苹果，而这根本不是苹果公司的广告植入，而是导演和道具师自发的运用。相反，如果电影中出现其他品牌的电脑，观众绝对会认为是这个品牌出钱植入的广告，可见苹果的品牌力量。

苹果品牌的性格塑造从电脑产品一路延伸到手机领域，从第一部苹果3手机到如今的苹果7，使用苹果的消费群体非常鲜明——时尚和张扬的青年人群。这足以说明，苹果产品并不仅仅是产品性能良好，而是它塑造的品牌性格和使用者性格的完美合一。

哈雷摩托在性格塑造上比苹果更牛。尽管它的品牌名称与苹果一样，同样是一个传统的硬伤——创始人命名法，但后期的品牌运营，丝毫不影响它在性格方面的塑造能力，甚至“哈雷”已经成了某种独特性格群体的代名词。因为哈雷不仅仅是一辆摩托车，而是一种代表了自由、个性的独特生活方式。哈雷摩托车并不是生活必需品，也不是日常的代步工具。事实上，哈雷摩托车已经成为某类人群的独特标志，哪怕是摩托车驾驶所需要的配件，如头盔、皮靴、夹克和皮带，以及悬挂腰间或者纹在身上的骷髅骨，甚至是摩托车本身的粗大排气管所发出的轰鸣声音，都是这类人群的性格标志。

在贵州，我认识了一位年轻的服装企业老板，他就是哈雷摩托的发烧友，不但有敞篷式宝马跑车，还拥有一辆大排量的哈雷摩托，而且全身装备：大头皮鞋、牛仔裤、夹克衫、大头盔等。他觉得，开哈雷与开宝马，个人感觉和给他人的印象完全不同，开宝马就觉得这个人有钱或者很成功而已，而开哈雷出现在街头，就会觉得这个人特别牛、特别酷，会成为他人追随的榜样。

在北京，我认识了一个从美国留学归来的“80后”创业者。当时他开着一辆别克轿车，我戏谑地说，等事业成功以后换一辆奔驰。谁知他说不想开奔驰，只想拥有一辆哈雷戴维森……我非常吃惊，难道一辆奔驰车还不如一辆摩托车？当然不是这样，只是这两个品牌揭示的性格特征完全不一样。

当时我就感悟到品牌性格的力量，作为一个品牌策划人，我一直耿耿于怀，总觉得中国企业的品牌策划总是聚焦到产品层面，严重地忽略掉消费者的精神世界。根据马斯洛的需求理论，我们早已越过了最初级的物质需求，可我们的品牌为什么还徘徊于此？

白酒产品是最能体现男人性格特征的产品之一，可惜企业全都沉迷于虚幻的历史文化和窖藏、洞藏、10 年、50 年等涉及产品质量的诉求，从未关注过男性消费者的精神需求，至今未诞生一个足以彰显某类男性性格特征的白酒品牌。

电子商务风暴来了，天猫、京东、苏宁和淘宝等电商平台诞生了，数亿网民热衷于网购。但很遗憾，这些电商平台上的所有电商企业几乎都不去挖掘核心网民——“80 后”“90 后”的性格特征，依然将产品做得了无生趣，诉求也全部聚焦产品质量层面，对性格一概不关注。

关于品牌的性格塑造和彰显目标人群的性格等问题，我在多篇营销文章中有所提及，可惜企业老板和营销专家们似乎不怎么重视，营销重心依然聚焦在产品质量、功能功效、技术配方和产地、工艺等理性层面。

说了很多潜意识思维方面的营销策略，接下来我们谈一个非常实际的问题，那就是如何打造企业的营销团队？这也是中小企业老板和营销经理非常头疼的问题。我们即将阅读的基因效应也许是一种真正有效的打造方法，而且是一种非常神奇、科学的打造方法。

第二十七式

基因效应

一周就能打造魔鬼销售团队的营销怪招

基因，就是一种传承，分为好的基因和坏的基因。在科技上，我们一直在研究基因。好莱坞大片《侏罗纪公园》，就是从琥珀中的一只喝过恐龙鲜血的蚊子中提取到已经绝迹几万年的恐龙基因，并通过科学技术将其培养成新的胚胎，从而培育出新恐龙的故事。尽管这是电影，但现在的科学技术确实可以从动物尸体或者植物中提取基因，进行各种移植、培育实验。农作物的转基因就是在农作物的原始基因中，植入其他优良的植物和动物基因，促使农作物的生长，使它的果实更加强大和完美。在市场营销中，也存在基因提取、基因修复和基因移植的怪招，这个怪招基本可以解决销售人员需要经过多年锤炼才能积累一定成功经验的时间之坎，运用基因效应，就可以让一个初入行的销售人员成为高手。

基因效应，是指企业通过对优秀销售人员的成功基因提取，然后针对性地进行改良和增强，能完美聚集销售本企业产品能量的时候，再将这个经过改良增强的优秀销售基因植入销售新手身上，使得刚入职的新手瞬间具备了10年销售人员的优秀能力。

基因又称遗传因子，是遗传的基本单元。基因通过复制把遗传信息传递给下一代，使后代出现与亲代相似的性状。也通过突变改变着自身的缔合特性，储存着生命孕育、生长、凋亡过程的全部信息，通过复制、转录、表达，完成生命繁衍、细胞分裂和蛋白质合成等重要生理过程。生物体的生、长、病、老、死等生命现象都与基因有关。它也是决定生命健康的内在因素。因此，基因具有双重属性，即物质性（存在方式）和信息性（根本属性）。

基因有两个特点：一是能忠实地复制自己，以保持生物的基本特征；二是基因能够“突变”，突变绝大多数会导致疾病，另外的一小部分是非致病突变。非致病突变给自然选择带来了原始材料，使生物可以在自然选择中被选择出最适合自然的个体。

生物有基因，而作为经济世界中的企业，也有其独特的基因。让我们看看苹果的叛逆式创新基因。

上帝创造了亚当和夏娃。但是上帝也是自私的，在创造人类时，他并没有给人类视觉和听觉，所以当时的亚当和夏娃，完全是两个盲人和聋子，彼此之间无法听到和看到。他们帮助上帝看管伊甸园里的果实。

伊甸园里的蛇，据说原来是有脚的，它窃取了上帝的传话指令，并将伊甸园的真相告诉了亚当和夏娃，它对两个可怜的人说，伊甸园里有很多甜美的智慧果实，吃了就可以看到美丽的世界、听到最美丽的声音……夏娃经受不了诱惑，就偷摘了一个苹果，咬了一口，她立刻就看到了伊甸园美丽的风景，听到了天籁之音。随后便诱惑身边的亚当，让亚当也偷吃上帝的禁果。这时上帝回来了，两人看到后就扑通跪倒在地，上帝立刻意识到他们偷吃了禁果。上帝非常气愤，问明原委后，就首先对蛊惑人类背叛自己的蛇进行了惩罚，让它永世在地上爬行，并且与人类为敌，人见到蛇要打，蛇见到人就咬；同时又分别对亚当和夏娃进行了惩罚，惩罚夏娃受不了诱惑而犯错，罚她必须经受十月怀胎生育的痛苦，而亚当作为男人必须承担以劳动来养家糊口的重任……

乔布斯在为自己的公司设计品牌性格的时候，就直接取材了这个圣经故事，把公司叫苹果，而 LOGO 就是被夏娃咬掉一口的苹果，标志着苹果电脑公司，从诞生起就是一家具有鲜明的叛逆血统的创新型公司。无论在产品设计风格还是在公司管理上，都与当时的美国其他公司非常鲜明地区别开来，推出的 PC 显示器是宽屏幕的，笔记本电脑是彩色的，操作系统是自己开发的，与微软老死不相往来、互不兼容，敢直接挑战 IBM，并且乔布斯自己充当广告代言人，在影视片中，举起巨大的铁锤，狠狠砸向象征 IBM 的巨人……

随后 iMac、iPod、iPhone、iPad 等令世界震撼的创新产品一次次征服了世界，苹果品牌的叛逆基因直接延续了苹果公司永远创新的性格。

很多企业老板和营销老总非常头疼公司销售团队的战斗力，所谓战斗力是指团队整体的销售能力。他们发现公司团队中，除了有一两个销售骨干的销售业绩比较突出外，其他销售人员几乎业绩平平，即便是聘请了很多营销讲师来给销售人员讲课进行培训，收效还是甚微。

这是为什么？其实很简单，每个人接受外界信息和对信任的认知感悟是不同的，同样的一个老师讲课，每个班级的几十名学生，只有少数人能完全领悟老师的课程，获得优异的成绩。这说明这几名成绩优异者能准确感知到老师传授的内容，所以能够领悟课程的精要，而大部分人因为认知和感知能力的原因，未能全部领悟到老师的授课，成绩差也是正常的。

这个现实导致大部分企业的销售团队都喜欢招收有经验的、优秀的销售人员。但是问题又来了，通常优秀的经验型销售人员的薪水要求也高，而且不好管理，好管理的新手又没有经验。

行业领军企业或者知名的大企业都舍得为销售人员投资，他们会有计划地对销售团队进行严格的专业训练，从产品知识、经销商知识、销售技能、谈判技能和管理技能到市场调查技能几乎都有专门的课程。即便是这种昂贵的投资也未能留住销售人员，因为中小企业以高薪挖撬这些企业的销售高手。有些销售经理跳槽到中小企业中当销售总监，这种为他人作嫁衣的教训，也促使企业反思这个问题。

什么情况下，销售团队成员个个成为好手，而不是只有个别成员优秀呢？

我们知道大部分企业培训销售人员的主要做法是，让销售人员将企业的产品介绍背得滚瓜烂熟；激励式培训，如自信、如何销售自己；聘请销售培训师讲解他们的成功经验，但这只是培训，不是战斗能力的培养，无法立刻让销售人员在市场大显身手。

2004年，我开始运用横向思维创新技能，潜心研究，我想任何难题总有方法解决，销售难题也同样会有更好的方法。我的思考很简单，就是从终点出发来寻找解题路径：能否让一个完全不懂的营销新手，通过一种专业的训练短期内成为销售高手？能否让每一个人的专业技能都有相同的实战效果？能否将优秀销售人员的专业技能复制给其他新手？

这种不着边际甚至是痴心妄想的疯狂，最终让我找到了突破点。好莱坞科幻电影的克隆人和机器人使我想到了人类的基因DNA，只要把一个人的基因复制下来，就能创造与母体同样的人，这是克隆人的科学原理。我们能否将优秀销售人员的销售基因也按照这种方法进行克隆呢？

基因提取

每个销售团队中总有一两个优秀的销售人员，他们独特的销售技能和销售业绩是其他销售人员学习的榜样。但是任你如何学习，你就是无法变成优秀的销售人员，这是因为这些优秀的销售人员有一些潜质是独特的，即便他告诉你怎么成功的，你也未必学得会。如何能将这些优秀的销售人员的优秀基因提取出来呢？

将企业中最优秀的销售人员锁定，运用微型录像机和录音机，将优秀销售人员的全部销售过程摄录下来，然后对此进行针对性的分析。分析在他的销售过程中，究竟是哪一句话、哪一个动作决定了客户的购买决策，或者他的着装、语气、声音、坐姿、开口的第一句话、介绍自己时的方式、回答客户提问时的方式和说话时的脸部表情等，都是我们分析的重要素材。

基因改造

提取到优秀销售人员的基因素材之后，我们要做的就是另一项工程，那就是针对优秀销售人员的原始销售基因，结合企业所处的市场环境、产品特点和客户特征进行改造。

剔除：发现原始基因中的不和谐或者负面因素，必须剔除，因为有些销售人员在销售产品的过程中，不是每一个过程都有必要或者很优秀，在分析的时候，我们会有意删除一些对销售成功可有可无的话语、动作和习惯，甚至是完全不利的因素。

增加：通过对优秀销售人员的原始基因分析，发现虽然其做得很好，但还是有提升的空间或者说整个销售过程还存在漏洞，需要我们在综合分析企业销售特性之后，对优秀销售人员的原始基因增加一些必要的话语、动作和其他相关因素，使得提取的优秀基因更加完整。

巩固：通过剔除不利于未来销售的因素，并增加促进销售成功的有利因素之后，我们就要将这一基因稳定下来，使其正式成为一个完美无缺的优秀销售基因，可以繁殖下去。

成型：在完成了对优秀销售人员的销售基因提取之后，就需要把这些基因撰写成文，这个文不是指文章，而是将销售话术和动作进行规范化撰写，将销售动作进行分解，最终完成《优秀销售基因图文手册》。

测试：完成了剔除和增加两大基因修复工程后，我们就必须将改造完善的优秀销售基因进行实战测试。在测试过程中一旦发现不利因素，就必须再次修改，直到完美无瑕。

通过整理，完整的基因内容基本包括三个层面：

一是销售话术。话术分为两种：一种是规范的理性话术，也就是基于产品、企业、目标客户的基本信息掌握；另一种是灵活的感性话术，这是为了促使消费者更快地对销售人员关注、重视乃至感兴趣的情景话术。

销售话术的设计完全建立在企业独特的产品、渠道模式、销售模式、目标消费者和行业地位等方面，这种由基因提取后提炼的销售话术只适合于该企业，其他企业要想模仿几乎不可能。

最快捷、最有效同时最能令客户愉悦的沟通语言设计，是一种卓越的创意，如幽默的个人姓名典故设计和个人身份介绍设计。无论销售还是其他，沟通中最能被对方接受的不是你对产品的熟悉程度和对企业的忠诚，以及死缠烂打的干劲，而是触发客户的快乐神经，而幽默的话语最能令客户对你产生好感。

这样的话术编辑能力，企业的营销老总是不具备的，因为他们只有经验，不具备专题性探索、专业性编辑和创造性撰写的能力。

二是销售动作。销售动作是指销售人员在销售过程中的基本礼仪、形象和行为。在销售过程中，销售人员的言行举止对销售的成功与否起决定性作用。销售基因整理而成的是优秀销售人员的核心行为，我们会将其分解成有步骤的动作。

三是销售方法。这个销售方法基本是指销售人员寻找经销客户和终端导购的方法。寻找客户的方法是经过多个优秀销售人员的优秀基因提炼而成，譬如第一次拜访该以什么身份、第二次拜访又该以什么身份、第三次拜访又该如何做等。详细地规范了寻找客户和搞定消费者的方法步骤。

譬如一个人拜访一个客户还是两个人一起拜访？或者三个人轮流拜访？拜访时以什么身份？为什么？每一次以什么身份？说什么话？什么时间什么人去拜访？第一次拜访和第二次、第三次拜访时如何沟通？等等。这些不是一个营销总监所能具备的能力，也绝对不是哪个有经验的销售高手所能具备的智慧，这是需要依靠专业策划公司的力量量身定制的。如果能掌握这个技能，那么企业的营销队伍就能拥有一个人顶三个人的力量，也就是说能释放三倍的销售力。

基因移植

销售基因移植是提升企业徒手营销能力的最佳方法，也是确保企业低成本市场营销获得成功的有力保障。如果企业具备了一支具有超强徒手营销能力的团队，那么就没有企业战胜不了的对手。

通过对优秀人员销售基因的最后修复成型，然后才能进行正式的基因移植。

基因移植是通过全体销售人员的封闭式高压训练，将培育出来的优秀销售基因植入每一个销售人员身上，使得每一个销售人员同步具备顶级销售人员的优秀技能，哪怕是从未做过销售工作的新员工。

我们通常建议企业直接采用刚从学校毕业的应届生，因为这些新手没有任何经验，对企业的依赖度和忠诚度比较高，同时精神状态比较好，一副空杯心态的人自然比拥有经验的销售人员更有可塑性。

大部分企业在销售人员的培训上投入很大，但最终的结果未必理想。销售基因移植基本解决了企业对销售团队的期望，移植的基本办法是：

（1）将企业的销售人员封闭在训练现场，以小组的形式死记硬背。

（2）以两人一组的方式进行对练，一人扮演客户一人进行销售。

（3）以读秒的方式进行初步测试，合格者进入下一步考核。

（4）以单独表演、全员观摩的方式进行严格考核，合格者进入下一步考核。

（5）以企业老板和公司老总为模拟客户，销售人员模拟实战考核……

销售基因移植案例

××手机在经过销售基因复制训练之后，每一个销售人员头脑里都能随便运用至少10个能引起消费者强烈兴趣的感性话术。一次，一对年轻夫妻来到柜台购买手机，两人看了几部样机之后感觉不满意，想要离开的时候，女消费者销售人员不经意的在女消费者的身前嗅了嗅，然后惊讶地说："小姐，你身上的香水味太好闻了，是什么牌子的?"谁知女消费者的回答更意外："啊? 姑娘，你搞错了吧，我可没有使用香水的习惯啊!"女销售员却不慌不忙地说："哦，是这样啊，但我真的闻到你身上很好闻的香味……大概，你就是那种传说有自然体香的美女吧?"这样一说，真的把这个女消费者给说脸红了。也许是女销售员的话术产生了作用，也许是女消费者内心感性和喜悦了，总之他们购买了三款手机中的一款。后来，我们的观察人员发现，女消费者在走出店门口时还很纳闷地问身边的老公："我身上有体香，你怎么没告诉我?"她老公也许是为了面子，竟然狡辩："我以为你自己知道……"

2012年9月，××鲜活鱼销售团队的全体人员集中在成都郊区一个休闲度假区，通过早晚军训、白天销售基因训练的方式，进行了长达10天的魔鬼训练。最终在淘汰了30%的不合格成员之后，销售团队与我们的营销特攻队一起，仅仅用了两个月的时间，就在整个成都市的农贸市场中谈妥了300多个经销客户，创建了300多个"全鲜链××鱼"的专卖鱼档。在成都的农贸市场，形成了一道独特的风景。

2009年7月，智能防暴锁全国招商前，我们召集了企业全体销售人员和部分经销商的销售人员，通过常规的销售基因复制之后，我们又专门进行了智能防暴锁的蒙眼拆装训练。每一个销售人员都能在一定的时间内，徒手拆装智能防暴锁，成为一支能征善战的魔鬼销售团队。

2008年9月，山东××销售团队的30名销售人员集中在会议室里，接受最残酷的销售基因复制训练。这些销售人员大部分是从生产车间抽调出来的普通职工，有一些是直接从社会招聘进来的应届毕业生，没有一个是销售熟手。经过一周的严格训练，最后留下来的20名销售精英，轻松拿下了北京市场、四川市场、浙江市场和湖南市场等19个省份市场，促使该公司新产品三个月内就销往全国。

销售基因移植是一项系统的销售训练工程，它不同于"老师在台上讲，学员在下面听”的传统销售培训。基因团队的专业人员从优秀销售人员跟踪和基因提取开始，到基因的确定和最终的复制，真正让销售团队的每一个销售人员都成为顶尖的销售高手。

基因效应其实就是将优秀销售人员的优秀销售基因提取出来，加以整理完善，然后整体植入其他销售人员身上的奇怪方法。这个方法解决了企业的两大难题：一是企业拥有了自己的强大团队；二是自己的培训投入不会打水漂，因为销售人员不会轻易离职跳槽。通过基因效应培养出来的营销骨干，即便是跳槽到竞争对手的企业也发挥不了作用，因为一旦离开本企业，他的销售基因就作废了，这就是基因效应中最伟大却又最不可思议的地方。

最后我要给大家分享的是所有营销怪招中最强大的一种，也是一个人能够出谋划策的真正源头。我之所以把这个营销策略放在最后一个，就是想证明一个观点——前面 27 个招数再牛，也抵不过最后一招。这有点像“降龙十八掌”，学会了前十七掌，却悟不透最后一掌，后来在偶然情况下才感悟出，原来第十八掌就是将前面的十七掌连起来打出去。最后一招激发效应其实就类似于降龙十八掌的最后一掌。请跟着我进入营销怪招二十八式——激发效应。

第二十八式

激发效应

能创造各种神奇营销策略的终极一招

这是一个非常具有震撼力的创造性营销怪招，说它有震撼力是因为它本身就不同于我们人类赖以发展的核心思维——逻辑思维模式。通过逻辑逃离和随机概念触发，然后就可以从中提取新的创意来完成我们预期的目标。这是一个反传统的创新方法，也是一个非常有效的难题破解绝招。谁都不愿意否定已经驾轻就熟的逻辑思维技能，我们习惯了使用分析、判断和推理的技能，不愿意舍弃这些让自己骄傲的能力，所以我们就停留在既有事物的分析和判断之中，因而无法完成创新。但市场营销是一种应对未来的战略战术行为，既已成型的理论绝对无法帮助我们解决未来的难题。所以，我们必须破除逻辑思维，进入横向思维，运用横向思维的技能创造更另类、更有效、令对手难以捉摸的营销战术。

激发效应，是指我们在遭遇各种难题（商业难题和技术难题，或者一时解决不了的难题）而走投无路之时，可以运用反逻辑的方式来激发我们的大脑思维，从而“柳暗花明又一村”的创造性思考方法。在商业中，其实就是一种绝处逢生的战术运用。

大家知道，人类的思维模式几乎都是在运用传统的逻辑模式，逻辑思维的特征使我们思考的每一步都必须符合逻辑，否则会被不靠谱或者不可能所限制。我们稍微深入地分析一下就不难发现，我们所遭遇的每一次难题都是处于不符合逻辑的地方，也就是说，很多正常的逻辑想法已经无法解决这个难题。这就是难题所处的位置。这个时候可不可以先放弃不靠谱或不可能的逻辑反应，而将不靠谱当作是靠谱的往下思考，或许我们就能发现一直被逻辑排除在外的好想法，也许这个想法已经在某个角落待了很久，只是我们的思维一直被逻辑阻挡着，无法发现而已。

譬如一个产品要让每个人都成为消费者，这在逻辑里显得非常不靠谱。事实上即便是可口可乐也做不到让全球的每一个人都成为自己的消费者，即便在美国，它也做不到让每一个人都成为它的忠实消费者。

目标与现实之间的距离太大，我们就会认为不靠谱或者不符合逻辑，这时就会有人告诉你，别做这种无意义的乱想了。而你也因这样的批评而沮丧，于是退出了这种本来有着积极意义的思考。

假设一瓶红酒目标是每个人都必须购买或者喝这款红酒，事实上市场上最强大的红酒品牌也做不到，这在逻辑里显然是天方夜谭。但是，我们能否将目标与现实之间的距离进行衔接呢？

如果我们依然运用逻辑思维一步一步地倒退式思考，把头皮抓破了也未必能想出什么好点子。这个时候，我们就要运用激发方式，因为激发就是在人们绝望时运用的。

激发效应，是用一种完全反逻辑甚至是绝对不可能的方式，利用与本事件毫不关联的偶然性概念来创造新的想法，然后将这个新诞生的想法与我们的理想目标交叉，看是否符合我们一开始想实现的逻辑目标。

结果的诞生，真的是毫无道理可言，但却真的诞生了。让所有人必须购买并喝这款红酒，这个不符合逻辑的理想目标，最终因为我们激发了一个“感动”的词汇而变得符合逻辑了。因为“感动”游戏让我们其中的一个创意人员联想到了生日故事，而我从生日故事中提取了生日概念，又把生日概念与我们的红酒理想目标交叉，结果全球生日红酒概念诞生了。

因为只有将红酒植入生日仪式中，像蛋糕和蜡烛一样成为过生日必不可少的道具的时候，我们的红酒就可以成为每个人必须购买或者必须喝的品牌了。

我们在欣赏谍战剧的时候，总是会发现，当队伍里混进了内奸，而且这个内奸又是被特别信任的人，所以当每一次任务都遭遇破坏的时候，尽管都知道内部有人出卖，但谁也不会想到是这个人。但是，大家排查来排查去，依然一头雾水，然后把一些平时有特殊迹象的人列为重点怀疑对象。

这样的场面很多，因为每一个人的思考方式都是遵循严密的逻辑思维的，所以我们通常不会怀疑自己特别信任的人，这就让问题进入死胡同。如果我们大胆假设是这个人，那么发生的一切蹊跷事情就迎刃而解了。

可惜，要诞生这样大胆的假设，在逻辑思维里是很难的，只有一个人的思维被偶然的事物激发之后，才可能诞生不太符合逻辑的思考点。这就是为什么谍战剧里的很多内奸，必须要到最后自己露出马脚的时候才真相大白的核心原因。

2015 年，我为一家餐厅做策划的时候，也陷入了逻辑的障碍之中。理想的目标是餐厅必须闻名全球，每个人都梦想来餐厅体验，但现实中无法做到。因为在我们的逻辑思维中，还没有非来不可的餐厅，应该是一家什么样的餐厅呢？

于是我就运用横向思维中的激发原理，我在事先准备好的词汇表格中，通过随便喊出一组数字，通过数字地图找到一个叫作“画廊”的词汇。我开始对画廊进行定义。画廊应该是一种艺术平台：一方面它向观赏者收取费用；另一方面它也向展出者收取展费，而当观赏者想购买某一幅画作的时候，画廊还要收取佣金。

这个概念让我立刻想到做一家平台型的餐厅。餐厅全部以商业概念为核心。譬如餐桌表面设计成产品广告位置，可供企业购买，而这种桌子的编号也就改为投放广告者的品牌名称，譬如“汇源桌”“天猫桌”或者“海尔桌”等。服务员送菜叫号的时候，就会喊出这个桌子的品牌名称，而就餐的客人会第一时间看到桌面上的广告，其广告价值非常显著。

餐厅的墙面上也被当作广告位置来使用，有框架式海报，也有动态画面的电视机。餐厅还特意开辟一个“商界高手榜”，专门让一些想跳槽进入更好单位的商业高手在此展示自己的简历。当然有企业想招高手，也可以在高手榜贴出招募启事。

餐厅每晚有30分钟的餐前演讲，演讲嘉宾都是在商界有建树或者有独特想法的专业人士，演讲是不收费的，当然对听课的消费者来说也是免费的，这仅仅是用来助兴的。而周末会安排一场重量级的互动课程，课程表会像菜单一样，预先在网上公布，便于消费者预订餐位。

餐厅的包厢全部按照商务人士聚会的要求设计，准备投影仪、书写板、纸和笔，适合企业高层小型会议、头脑风暴和商业聚会。包厢的名称也作为独家冠名而销售给有广告需求的企业客户……总之，设计全都围绕着商业平台的目标而展开。

激发的方法其实可以灵活多样，预先设计词汇表格，用随机的数字地图来寻找词汇是一种方法。如果没有这些专业工具，我们还可以这样做：你闭着眼睛，指出书架上第一本书的第29页第10行出现的第一个单词。如果这一行没有单词，可以往下延伸，直到找到合适的单词。

这种偶然前提下诞生的词汇，就会给你带来无穷尽的新想法，你只要从这个词汇概念中提取能与你想解决的难题目标进行交叉融合，也许一些强大的创新点子就诞生了。这就是利用偶然概念激发新想法，从而化解危机，找到难题破解途径的创新方法，这是一种完全跳出逻辑局限的无厘头方法。

在为“小卤之约”策划的时候，我也遭遇了解决不了的难题，一方面是企业想通过对品牌的重新打造实现快速招商加盟，提高产品（以鸭脖为核心的休闲卤味产品）销量的目的；另一方面因为企业费用有限，无法为品牌的知名度进行投入推广。为此，我只能故伎重施，运用思维激发来进行创意突破。这一次因为我一个人在长沙企业内部，身边没有团队配合，我只能在笔记本电脑上独自进行创意激发。这个时候我身边正好有从火车站买的报纸，我闭着眼睛随意在电脑上打出“以第四版左侧第二段文章的第五行第一个出现的词汇为准”，我急忙打开报纸，翻到第四版，在一篇文章第二段的第五行找到第一个形成词汇的单词“重叠”。

“重叠”是什么意思？当然是如同一叠纸片一样叠在一起的意思，就是说很多事物是可以重叠在一起的。从重叠中我提取了让店铺中产品重叠的想法。如何重叠？就是店铺不仅销售鸭脖，还可以销售其他产品。于是，我根据女性的兴趣爱好，将可以与鸭脖等产品摆放到一起销售的休闲食品和美容食品整合到店铺中，从而诞生了“吃货集中营”的大胆创意。这么一改，连锁加盟店自身的吸引力就非常强大，不需要再投入巨大的广告费用，招商信息一公布就会吸引加盟商踊跃加盟。

当我们遭遇各种各样难题，尤其是在逻辑里根本解决不了这些难题时，通常情况下我们就放弃了，或者认为不靠谱也不再对此进行思考，这就是逻辑思维模式的最大障碍。但如果我们熟练运用横向思维中的创意激发方法，或许就能使一个绝望的难题“柳暗花明”。

也许有人要问了，为什么横向思维的大脑激发可以产生无穷尽的新想法呢？难道什么样的词汇概念都可以吗？我坦诚地告诉你，确实什么样的随机概念都可以，这个原理其实就是逻辑逃离，但逃离不是我们的本意，寻找新创意才是我们的目标。

当我们遭遇逻辑卡壳的时候，就要暂时逃离逻辑陷阱。但逃到哪里去呢？这可不是漫无目的地乱逃，而是要在逃跑的路上寻找到未知的新词汇概念，并通过这个随机诞生的概念来激发新的想法，从而打通我们被堵塞的创意通道。

所以我要告诉大家的是，横向思维不是换一个角度思考问题那么简单，而是有一整套成熟的创新方法，我们要做的就是训练快速驾驭这种方法的技能。

利用现成的营销招数赢得商业竞争是一个方法，但商业竞争是变化多端的，没有那么多现成的营销招数等待我们去选择。所以相对于那些营销怪招，这个激发效应更值得我们学习，因为它是一切营销战术之王，是统帅各种策略的灵魂，驾驭了它，其它怪招仅仅是被我们利用的工具而已。

关于激发效应，大家已经知道了这是一种神奇的横向思维创新方法，为了便于大家更全面地理解，我特意在后面给大家准备了一篇横向思维创新方法的介绍文章，相信读完这篇文章，你就能很轻松地理解什么是激发效应，或者如何运用激发效应了。同时，对本书中的诸多营销怪招的诞生也有了科学的理解——不是我特别牛，而是我运用了一种创新方法。如果你学会了这种方法，你也能炉火纯青地进行市场营销策划了，这就是我们常说的——工具使人聪明！

我想做一个商业竞争领域的谋略家

我从小就喜欢读《三国演义》，我不是喜欢这部书的故事，而是喜欢诸葛亮的用兵计策。我对诸葛亮佩服得五体投地，无论是他的草船借箭，还是吓退司马懿10万雄兵的空城计，都让我觉得一个人的脑袋里竟然可以装入这样神奇的计策，真是一件不可思议的事。那个时候，我还没有接受过任何创新思维的教育和训练，所以无法理解为什么诸葛亮的脑袋里有那么多的神机妙算，而我的脑袋里却什么想法也没有。

虽然我喜欢文学，也认真阅读过《战争论》和《孙子兵法》，尽管一开始阅读的时候不怎么懂，但也大致了解战争究竟是怎么一回事。我似乎对“计谋”这种东西天生就有兴趣，但仅仅是有兴趣而已。

我当过兵，做过警察。但因为和平时期没有机会体验战争，所以只能借助于战争影视来过过瘾。毕业后的几个工作都没能让我找到感觉，一直到进入营销领域。营销让我渐渐感悟到它与战争的某些相似性。在做了几年的基层销售工作后，我对主导商业竞争胜负的“策划”越来越有兴趣，并有了终生做此事业的打算。

1998年正式进入营销策划领域，开始了我的“计谋”生涯。我当然不会满足于一点点可怜的营销经验，更不会停留于各种业已成型的营销理论。如同《战争论》和《孙子兵法》，每一个阅读它们的人感悟到的思想都有所不同，最终使用其中的战略战术的水准也会有所不同。那么，同样的理论究竟是什么决定了使用效果的优劣呢？

我思考了很多年，才发现决定一个人战略战术能力的不是理论本身，而是超越理论的思维技能。如果一个人的思维技能弱，那么即便把《孙子兵法》倒背如流，也未必能运用好其中的战略战术。因此，我对思维技能产生了浓厚的兴趣，这就是我迷上横向思维的开始。

横向思维是一种能让一个人的思维能力达到巅峰状态的创造性思维，它以强大的创新能力深深地吸引着我，使我在营销策划这个领域如鱼得水。我从不关注别的策划人怎么做策划，因为只要看看市场上的产品和品牌运作就略知一二了，我只关注我在做什么。

是的，我在做什么？我在研究创新并实践创新。我借助营销策划这个职业，到处炫耀我的商业创新策划能力，而且大部分都是以免费的“表现”去做的，我不需要报酬，只需要获得别人的赞赏。

这样的性格和心态，使得我对遭遇的商业障碍和困难产生了强大的破解兴趣，朋友也会不断地询问我各种各样的营销难题，而我总是凭借自己的思维能力和策划能力帮助他们解决障碍。这样的开始，到今天已经16个年头了。

16年来，我无法计算到底策划过多少个企业和品牌，帮助过多少需要帮助的人。但我清楚地记得我都使用过什么样的营销策略，产生过什么样的影响。时至今日，我像回忆过往的“老人”，将这些散落在记忆角落的一个个小计谋归纳、整理出来，在我的横向思维微信平台发表，分享给大家。

网友们的评论，更多的是赞赏和钦佩，当然也有不屑的。我都认真看了，也结合这些战术思考过。雕虫小技也好，营销猛招也罢，我想对于使用它的企业和个人来说，只要达到了预期的效果，它们就有存在的价值。

随着互联网技术和经济的发展，当前的商业竞争呈现出多样化和复杂化的趋势。有的营销理论已经远远跟不上时代的需要，企业与企业之间的竞争已经不能按照呆板的营销理论去做，我们需要一种全新的思考，需要更多不按常规理论出招的营销策略，无论是奇招怪招还是狠招猛招，如同两个人之间的拳术较量，只要能击倒对方就是好招。

善于运用正规的4P、4C、IMC和定位理论做营销的营销人和策划专家很多，但喜欢剑走偏锋，通过自己的思维突破、探索并创新实践各种奇招怪术的营销策划人不多，而我就是其中的一个另类。

正如我跟微信好友的交流中所说的，在营销界，比我有名气的人、营销能力比我强的人、营销策划公司规模比我大的多得是，但我就是没有跟他们学。我不是为了金钱开公司，仅仅是喜欢探索创新，想为中国企业的营销创造出更多更好的制胜方法，我只是对此有特别的爱好。

当一个人对一件事没有太多实际利益的功利性追求而仅有兴趣爱好时，那么这个兴趣爱好就有可能产生更实在的价值，我就属于这类人。也就因为这样，我才能在十几年的营销策划职业生涯中有了更多营销策略性的思考，并诞生了类似于营销兵法这样的低成本计谋，而且分别从营销的各个层面进行策略的设计。

中国是一个变化多端且不同区域具有不同特征的独特市场，这就注定了我们需要更多能产生实际效果的市场营销奇招。我们也一直崇尚四两拨千斤的奇迹，在这样的土壤诞生一两部营销兵法，应该是一件再正常不过的事。就算我不去思考、不去研究、不去撰写，也会有其他人去思考、去研究、去撰写，从这一方面来说，我只是做了一件应该做的事，一件不值得炫耀的事。

好了，我不啰唆了，如果读者能用这本书中的任何一个招数解决自己的营销问题，或者给自己带来预期的市场利益，那就可以证明这本书的价值了。所谓的奇招、狠招、猛招，其实都是由人的大脑思维决定的，只有人的思维技能达到一定的高度，才能设计出令竞争对手望而生畏、应接不暇的营销招数，就此而言，横向思维的创新技能才更值得我们学习。

2017年9月8日于哈尔滨

什么是横向思维？它与逻辑思维是什么关系？

对横向思维产生强大的兴趣是在2000年，当时我虽然不能完全驾驭这种伟大的思维技能，但我非常确定的是，决定人类社会发展的关键就是思维技能，思维技能会决定一个人应对世界的能力。就思维技能而言，体现的就是两大能力，一是处理日常事务的能力，二是解决难题的能力。处理日常事务的能力是指我们的工作、生活、情感和社会交往等方面的应对能力，解决难题的能力是指我们在各类事物的发展进程中所产生的各种障碍的解决能力，其实也就是应对未来的能力。

我们先来谈谈处理日常事务的能力的思维特征。处理日常事务的思维依赖的是传统的逻辑思维，我们会对自己面临的工作、生活、社会活动等进行合乎逻辑的处理。譬如上班时要完成上级领导安排的工作任务，生活中的友情、亲情和爱情的合理协调，法律和社会规范的遵守及社区会议等社会活动。

我们习惯于使用逻辑思维，因为它唯一的职能就是让我们更高效地处理日常事务。譬如它绝对不会让我们先穿鞋子再穿袜子、先穿外套再穿内衣。这些生活动作让我们不假思索地按照大脑提供的经验和生活习惯轻松地处理而不会出错。

这样的思考方式使得我们特别崇拜自己所掌握的逻辑思维模式，因为逻辑思维的三大功能分析、判断和推理，我们已经驾轻就熟了。遇到复杂或者新鲜的事物，我们就会用分析工具进行分析，然后判断这个事物究竟是什么？如果是新事物，我们头脑里储存的知识和经验都不能得出结论的时候，我们就会用推理去做假设，如果连推理都无法帮助我们得出判断结论的时候，我们就会放弃这个事物，因为它不符合我们的认知逻辑。

分析人类的思维现状，我发现了我们引以为傲的逻辑思维其实存在很大问题，因为它无法完成我们需要的创新任务。也就是说，逻辑思维本身对创新不负责任，因为它的核心任务是分析、判断和推理，是为了处理日常事务。因为日常事务都是按照逻辑模式设计的，只要学会逻辑思维，就可以轻松地处理这些事务。

譬如一个前台每天的工作也许是接电话、接待访客、为客户倒茶、记录领导和职员要求记录的临时事件或者文件的传真打印，也有可能负责员工的考勤记录等。这些工作因为入职时的培训和日复一日的经验积累而使得她做起来非常熟练而且得心应手，像用来行驶火车的两个固定铁轨，一切都是机械的、符合逻辑的、不会出轨的。

我们再来看看拥有缜密逻辑思维技能的人，譬如数学老师、律师和专家等，对逻辑的熟练驾驭使得他们更擅长与人辩论，而辩论是最能体现一个人的逻辑能力的。对于逻辑思维者来说，辩论获胜是最能体现能力的。正因为如此，他们沉醉于自己的逻辑能力，根本没有想过要破除和创新什么。

我之所以说逻辑思维不具有创新能力，上述观点也是其中之一。也许有人要问了，难道那些伟大的科学家和他们的创造发明都不是用逻辑思维产生的吗？是的！很多科学家的发明创造，正是因为他们在某个环节脱离了逻辑思维，或者故意不跟随逻辑，才发生了意外或者奇迹。

在日常思考中，我们一直在某种逻辑中重复，即便遭遇陌生新鲜事物时，我们也总是会习惯性地判断它是什么。然而判断它是什么永远不会给我们新的想法，因为这样的思考方式是停止式的，甚至是倒退式的。

我一直在各种文章中阐述，只有横向思维才是专门用来创新的，而创新就是让人类更有效率地解决难题，尤其是解决未来未知的难题，譬如科学发明、生命研究和宇宙探索。简单地讲，创新就是创造这个世界从未有过的新事物、新方法、新观点和新想法，通俗点讲就是创造性解决难题。

什么是创造性解决难题？譬如汽车抛锚了，你下车检查，发现是汽化器堵塞。然后你熟练地将汽化器拆下来，将堵塞在过滤网上的杂物清除掉，然后重新装上，汽车发动了，问题也就解决了。这是一般性难题解决。创造性难题解决则会在这个基础上进一步向前思考，有没有方法能让汽化器永远不堵塞？也许我们会这么想——将汽油炼得更纯净一点，减少燃烧后形成的焦炭，或者不使用汽化器也能让汽车行驶的新技术等，这种思考方式就是横向思维，也就是创造性思维。

横向思维为什么会有创新这个功能呢？因为在横向思维中，它从不运用分析，更不会使用判断，也就是说，遭遇任何未知未明的新事物时，它从来不会去判断它是什么，而是会思考它可能成为什么。正是因为思考它可能会成为什么，才让我们的思维有机会进行无限的延伸，最终诞生更新的观点和想法，因为横向思维的思考特点是前进式的，而不是停止的或者倒退的。

正如我在一篇创新文章中所说的：在逻辑模式中，水和火是不能相融的，所以我们绝对不会把水和火放在一起思考，也不可能让水和火融合在一起，我们的逻辑思考也到此为止。而横向思维的思考方式是前进式的，我们会这样思考：水和火在一起会发生什么？譬如木头燃火，与水相遇之后会形成木炭，同时还会产生呛人的青烟等。

所以，真正的创新必须依赖于横向思维，因为横向思维的唯一职能就是创新，它的特征是前进式思考。它喜欢对一切可能性进行延伸性和探索性思考：牛会飞，那么它在空中吃什么？树叶？怎么挤奶呢？热气球？高云梯？还是牛身上套绳索？或者人背着飞行器等。这样无限制的前进式延伸，就会使我们的大脑产生更多稀奇古怪的想法。

我在做营销策划时，只对现有的市场调查结果进行分析，这个结果就是相对静止的，分析的时候则是倒退的。譬如为什么我们的产品销售不畅呢？为什么消费者不愿意购买我们的“好产品”呢？为什么爱吃鸭脖的多数是青年女性？为什么我们对健康的诉求毫不心动呢？

分析的目的就是找到问题的症结。譬如我分析出了产品销售不畅的原因是销售终端太少，产品能见度低和品牌知名度太低；消费者不愿意购买我们的“好产品”是因为消费者根本感觉不出我们的产品好在哪里；女性爱吃鸭脖不是因为营养，而是因为嘴馋，鸭脖好吃，她们不在乎鸭脖是不是健康和有没有营养。

有了分析结果，我就可以对症下药了。譬如增加销售点、增加广告宣传、提炼更能打动消费者的卖点等。当我针对性地做出了解决上述问题的方案时，我的思考依然不会停止，我会这样思考：除了这些营销方法，还有更好、更新的策略吗？

这个方案虽然能解决上述问题，但是消费者不会因为这个产品而疯抢，不会迷恋我们的品牌和产品。所以，我的思考就会继续：我要怎么做，消费者才会不顾一切地抢购我们的产品？我要怎么做，才能让所有的消费者选择我们的产品，从而导致竞争对手自动破产？

这些完全不符合逻辑的想法产生以后，我就会运用横向思维的创新方法和创新工具来诞生新想法，譬如我会采用随机的和偶然的概念触发，产生更多稀奇古怪的想法，然后再将这些想法与上述非逻辑问题进行交叉，然后奇迹就诞生了。整个过程，我绝对不会使用分析和判断，我只是一路向前，探索着一切的可能性。

因为随即诞生的概念是一种偶然性，偶然性在逻辑思维模式中不会被当成逻辑的必然性，所以不具有科学性。正是这个原因导致逻辑思维远离了创新，而横向思维中的随即概念和偶然触发会让我们的思维不按照逻辑走向，而是随意地跳跃，跳跃过程中产生的各种概念就会成为我们创意的提取源泉。这种匪夷所思的方法，在逻辑思维中简直不可思议，但在横向思维中，它却是一种有效的创新方法。

在营销策划过程中，当理想目标与现实之间存在巨大差距的时候，我知道不能用逻辑思维思考这个问题，这个时候横向思维就会有用武之地，尤其是随即概念和偶然触发，会让我的思维进入从未进入过的领域，从而发现从未被发现过的、全新的营销策略。28 个营销怪招的诞生，大部分是横向思维的作用，因为横向思维会教会我们一种与众不同的看待事物的方法，那就是立体的思维，也就是一个事物的六面体。

在逻辑思维中，一个人能换位思考就已经很厉害了。但是换位思考只是看到一个事物的两面性而已，事实上一个事物具有六面性。当我们能够上下左右及前后立体地观察时，对事物的了解就会更加透明，就不会被逻辑蒙蔽双眼，就会发现很多以前从未发现过的问题。

知道逻辑思维与横向思维的不同了吗？知道为什么逻辑思维不具备创新能力了吗？真正的创新绝对不会产生于分析和判断，而是来自于前进式的思考。所以，不要再试图用传统的逻辑思维进行徒劳的创新，它永远不会给你意外的惊喜。真正能给你带来颠覆性创新思路的永远是横向思维！

附录二

《销售与市场》记者专访：创新“大侠”沈坤的营销创新探索

随着互联网的高速发展，世界已经平坦，国家与国家之间没有了隔阂，企业与企业之间的竞争也日渐透明化。面对日新月异的变化，我们发现，过去的经验已经帮不了我们，成型的理论也有很多的局限性，尤其是在应对未来发展方面，我们竟然束手无策。创新破局已经成为必然趋势，中央领导也提出了“全民创新”的口号，可见创新的重要性。可重要归重要，我们依然无法解决创新本身的问题，也就是如何创新的问题。最近我们发现，有一个人，竟然在 16 年前就对创新进行了思考并一头扎了进去，竟然摸索出一整套融创新方法、创新工具和训练教学为一体的创新解决方案，这就是中国横向思维创新实践第一人，著名营销破局策划专家、深圳双剑破局营销策划公司董事长沈坤先生的横向思维创新体系。最近本刊记者特意约访了他，下面就是记者与沈坤老师之间的对话。为方便阅读，以下简称为记者和沈坤。

记者：您好，沈老师！最近几年，我发现您一直在自己的微信公众平台“横向思维”上发布您原创的创新文章，通过您公开的案例我也发现，您的策划方案几乎颠覆了传统的营销策划手法，尤其是独特的横向思维，让我觉得十分神奇。您能跟我谈谈，究竟什么是横向思维吗？

沈坤：行！横向思维是一种融理论、方法、工具和训练步骤，以及以创新实战演练为一体的难题破解技能，它以人为逃离逻辑、创造各种偶然、多角度切入、终点返回起点、思维突然断裂、概念交叉和创意提取等多种独特方法，对一切可能性进行探索，从而创造更多的新想法、新观点、新事物和新创意。

记者：横向思维与我们现在运用的逻辑思维有什么不同呢？

沈坤：横向思维相对于我们正在运用的逻辑思维而言，是一种具有强大创新价值的全新思维模式。逻辑思维大约是在2400年前，由苏格拉底、柏拉图和亚里士多德等希腊三贤根据当时人类的思维习惯所创立的一种思维模式，几千年来通过教育一代又一代地传承，这也足以证明逻辑思维的强大。

记者：你对逻辑思维研究很专业呀！

沈坤：谢谢夸奖，但逻辑思维的局限也正是这里，它只是为我们处理日常事务而设置的逻辑模式，就像高速铁路，高效但很规矩，凡事都符合逻辑，不符合逻辑的事物我们从不进入，更不会去思考，这就给创新带来了障碍。现在可以这么说，逻辑思维本身不对创新负责，它只是以分析、推理和判断为手段，帮助人类快速高效地处理日常事务。

记者：原来是这样，那么横向思维呢？

沈坤：横向思维却一反常态，它打破逻辑，既不追求高效，又不进行分析和推理，而是进行各种无限可能性的探索。在逻辑思维里，我们有“对和错”“高和低”“黑和白”“好与坏”的二元对立状态，像两条铁轨，我们的思维只要尊崇这两条铁轨，就能快速分辨眼前的事物是什么，最终促使我们快速做出决策。而横向思维就会在两者之间和两者之外寻找一切可能性。

记者：好深奥啊！

沈坤：其实并不深奥。您只要记住，横向思维就是创造性思维，它的价值就是创新，而创新的本质就是创造性地解决难题。所以，通常在逻辑思维里解决不了的难题，在横向思维里绝对能找到更多的解决路径。

记者：为什么这么自信？

沈坤：因为人类99%以上都习惯于逻辑思维，通常你能想到的我也能想到，区别就在于你想到了就去做了，而我没有去做。两者都去做了，你做得比我好，我做得比你差，仅此而已。如果掌握了横向思维，你就能发现逻辑思维者的思维盲区，感觉自己就是比普通人强大。

记者：事实上是这样吗？

沈坤：当然，因为我们都是受同一种教育成长的，不善于颠覆和创新，只喜欢拿来主义，运用成熟的东西。

记者：这是为什么呢？

沈坤：因为我们缺乏创新方法，更缺乏创新精神。看中国的影视剧就知道了，我们总是在历史里寻找灵感，而好莱坞总是在探索未来，这就是中西方思维的对照。在IT和电器领域，几乎99%的专利都在国外，中国企业每年都要给国外的专利机构支付巨额费用。

记者：说的对！

沈坤：我之所以在16年前开始探索创新，是因为我的营销经验已经非常丰富，想突破很难，我不想仅凭过去的经验去帮助企业做未来的策划，既不科学也不严谨。所以，我一头扎进有关“创新思维”的领域，胡乱阅读各类“思维”书籍，试图从中找到我想要的东西，直到发现横向思维。

记者：您的探索精神值得尊敬！

沈坤：谢谢！横向思维四个字并非我原创，很早以前就有了，只是大家对横向思维的概念认知不同，不会使用它，以为横向思维就是横着思考问题，而逻辑思维相对来说就是垂直思考。这虽然说得通，但是只知其一，不知其二。

记者：您能否举例说明？

沈坤：譬如你想喝水，想通过打井来解决，但你没有打井工具，也不懂如何打井，所以就请专业的打井队。打井队果然带着专业工具和团队来了，帮你打了井，解决了你的喝水问题。传统营销策划人接到一个案子，总是习惯性地要为这个品牌设计定位，然后创意传播策略，接着是设计广告，最终开始传播。企业获得销售增长是同样的道理。

记者：对呀，这不是挺好吗？凭专业吃饭。

沈坤：说的没错，传统思维就是这么思考的。

记者：如果用你的横向思维，你会怎么做？

沈坤：横向思维当然不会这么思考，也不会这么做。而是通过调查之后告诉你，你要喝水，下午就要下雨了，你只要用一个容器将水储存起来，用不着劳民伤财地打井；或者告诉你，你家前面山上就有一处天然泉水，把水引过来就可以了，比打井简单、有效得多；或者干脆帮你设计一个代替水的新事物。在营销上就是，我要怎么做，才能不需要广告投入，才能成为畅销产品？或者我们要怎么做，消费者才能争抢我们的产品？

记者：这样啊？这样的思考确实挺有意思的……

沈坤：是啊！但在传统营销人眼里，营销策划当然要先找到精确的定位，提炼定位概念，然后设计各种广告将定位概念传播出去，直至切入消费者的心智。而我的横向思维根本不考虑这些专业概念，而是直接跳到最理想的结果，然后进行偶然触发来创造达到这个理想目标的营销创意。

记者：确实不错，您能不能举一个策划案例说明一下？我很好奇！

沈坤：可以！2014年，我接到一个进口红酒项目，客户要我们打破当前的红酒营销思路，给予一个大胆的创新策略。当时红酒策划离不开这些创意点，如产地、普通品种、浪漫、经典等。不走寻常路是我的特性，客户也是看重我在营销创新方面的擅长才将项目交给我。在市场调查后，我举行了一次头脑风暴会议，当时我就在投影仪上写下一行字：所有人都必须喝我们的红酒。这是强制性的终极目标，这样的思考在逻辑里绝对不存在，但在横向思维中可以成立。然后我们运用逃离逻辑、创造偶然和思维断裂手法，创造出了生日红酒概念。

记者：太有意思了！

沈坤：是的！营销策划原本就应该是带有创新突破的职业，而不是照搬专业理论，凭经验去做。

记者：您是从什么时候开始研究并运用横向思维的？

沈坤：大约在 1998 年的时候，我不满足于自己掌握的一点营销经验和营销理论，想谋求突破，就一头扎进了创造性思维的研究中。那时候我胡乱看书，只要书名上有“创造力”和“思维”等概念我就买来读，如此一折腾就是三四年，然后发现有一种思维方式是可以带来创造性突破的，那就是横向思维。

记者：够疯狂的。

沈坤：除此之外，我还不断地进行自我破局，开始对我以前一直认定的某些观念进行解构。譬如原本营销策划必须要有广告推广，可是没有广告行不行？企业必须先有战略，然后设计实现战略的战术，但不可以先有战术后有战略吗？还有就是生活中的思考，如代沟到底是怎么产生的？感性和理性的人，决策为何会不同……这些思考开始影响我的营销策划。

记者：我记得那个时候您在深圳策划过一家创新酒楼，您在《魔鬼营销人》里写过的。

沈坤：是的！就是军事主题的“××酒楼”，因为生意太好，排队等候的人越来越多。当时我就进行了横向思考：什么情况下，消费者愿意等、喜欢等？最后我决定让消费者等候的时间产生价值，分别给等候 30 分钟、60 分钟及 90 分钟的消费者较大的折扣，解决了客户等候流失的问题。

记者：横向思维对您的营销观念有什么影响？

沈坤：影响巨大！学会了横向思考，就会习惯性地对自己已经掌握的很多知识进行再次思考。在营销上，我发现了传统思维的盲区。品牌名称和产品定位应该是市场营销非常重要的第一步，事实上企业不重视第一步，名称无关紧要，甚至跟消费者和行业一点关系都没有。譬如青岛啤酒，青岛只是一个地名，跟啤酒乃至喝啤酒的人一点关系都没有，但它却成了啤酒品牌名称。

记者：这个说法倒很新鲜，您的观点是什么？

沈坤：我的观点很直接，产品卖给哪类人，就必须为哪类人起一个他们喜欢的名字，然后产品的定位、包装设计和品牌价值主张都围绕着他们展开，要让他们一见到产品就疯狂尖叫，这样就可以大大减少后面的广告推入。

记者：有道理！

沈坤：营销的前端不尖锐，后面就需要大量的广告来弥补，这就是当前营销的现状，可惜大部分企业对此还没有知觉。

记者：这方面您能否再举几个案例？

沈坤：针对这个发现，我在2014—2015年策划了“顽啤萌主”互联网啤酒、“小卤之约”“吃货集中营”等。

记者：品牌名字都很独特，也有个性。

沈坤：品牌名称如果能让目标人群产生共鸣，本身就是一种有价值的资源，因为好的名称自己就能传播，不需要广告投入。

记者：听说您已经将横向思维整理成一种可以传授给他人的创新技能？

沈坤：是的。我觉得理论只是一种方法，光有方法还不行，还需要相应的工具，还需要熟练操作工具的技能。譬如给你一张家具的制作图纸、足够的木料和一套木匠工具，你就能做出漂亮的家具吗？

记者：不能。

沈坤：对！因为你缺乏裁剪材料和操作木工工具的技能。

记者：对啊！木工是一种专业技能。

沈坤：如果我们要解决一个难题，专家告诉我们原理，也给我们工具，但我们依然有很多难题解决不了，这就是操作技能问题。

记者：您怎么理解创新？

沈坤：创新，一种解释就是创造这个世界还没有的新事物；其次就是一种创造性难题解决方法。譬如肚子饿了，找到吃的就是一般性解决问题。如果你解决了永远不会再饿肚子的问题，就是创造性解决问题。创新，就是创造性解决难题。

记者：如何理解您刚才说的方法、工具和技能问题？

沈坤：横向思维理论其实就是一种创新方法。但解决难题光有方法不行，所以我专门为创新制作了很多工具还需要熟练驾驭工具。如同你要在两个小时内从深圳赶到广州，给你的方法是让自己开车去，车（工具）也提供给你，可惜你不会开车（缺乏驾驶技能），你依然解决不了这个问题。

记者：您的举例太生动了。

沈坤：在创新上，这个技能其实就是思维的技能，如果能经常用横向思维来思考逻辑问题，能在逻辑思维与横向思维之间自由转换，并熟练驾驭全部创新工具，创新技能自然就会提高。

记者：请您评价一下横向思维的价值。

沈坤：横向思维就是一种能解决所有难题的创新技能，它的价值难以估算。

记者：能解决所有难题？是不是夸张了？

沈坤：绝对不！我们在逻辑思维里待得太久了，根本不知道横向思维的巨大能量。拥有横向思维才可以真正实现：没有做不到，只有想不到。

记者：您如何评价自己的策划能力？

沈坤：在营销策划上，每个人都有独特的一面，我不做评价。但在营销的创新能力上，我的创新能降低企业投入风险、缩短成功距离、实现效果最大化。

记者：怎样降低企业风险和实现效果最大化？

沈坤：譬如我给客户策划总是提供 1 ~ 3 套甚至更多方案，每套方案都有不同的切入点和市场效果，这些方法有一个共性就是投入成本极低、产出效果极大，而且容易成功。

记者：很振奋人心！听说您还策划了一个充满正能量的白酒品牌。

沈坤：是的。是中华英雄酒。

记者：中华英雄酒，能注册商标吗？

沈坤：不能，中华英雄酒是白酒的定位，它的品牌名称叫“铁血正义盟”。

记者：听上去不像白酒品牌，倒像是网游或组织。

沈坤：是的，这就是一个由全中国有担当、有血性的男人组成的正义组织，也是全球第一个能够激发男性血性，弘扬正义、彰显性格和力量的白酒品牌。

记者：酒在哪里卖？

沈坤：目前还没有上市，企业正在酝酿中。因为这个案子太创新了，执行中会有很多未知的困难。因为它不走传统渠道也不做电商，所以，企业要重新调整战略后才能将其纳入执行。

记者：听说您正在招收横向思维创新徒弟？

沈坤：2015年，我公开向社会招收了一批入室弟子。我的用意是为社会培养第一批创新实战人员。因为横向思维创新技能不是一两天就能学会的，熟练驾驭这套技能需要几年的时间，所以我才通过收徒的方式来传授技能。

记者：现在全国有多少个弟子呀？

沈坤：目前共有21个入室弟子。

记者：弟子们怎么训练学习呢？

沈坤：平时在线授课，但每月都会集中训练一次，哪里举行横向思维特训营，就近的弟子必须参加集训。

记者：什么是特训营？

沈坤：就是有营销难题需要解决的企业老板、创业者和需要提升创意能力的营销策划同行和广告公司派员参加，在传授创新理论和工具使用方法之后，带领学员现场解决各类营销难题的实战特训班。

记者：不错！下次什么时候开班？我能不能参加，还有您能不能收我为徒呀？

沈坤：行啊！下一期开班的时候我通知你。至于徒弟，只要你愿意，横向思维的大门随时为你敞开……

记者： 太谢谢了！跟您聊天很愉快！不过说实话，今天我也学到了不少知识，有醍醐灌顶的感觉。

沈坤： 您过奖了。

记者： 真的，谢谢沈老师，预祝您的横向思维日益发扬光大，造福社会。

沈坤： 谢谢！我一定努力！

（记者：刘妮妮）

大家眼中的沈坤

妻子眼中的沈坤：一个营销和爱情都特别另类的男人

我是一个低调的女孩，平时聊天都很少，更何况写字。知道你的又一本新书要出版了，而且我知道你是怎么写成这本书的。作为你的妻子，我想支持你，捧场也好，有感而发也罢，我都想跟你和大家说说我心中的爱情观及真爱的感觉。毕竟，我与你一样，都是一个信仰爱情、视爱如命的人……

感谢苍天！我们在最合适的时间里相知、相遇，邂逅了爱情，一切都是那么美好！

2011 年，我被一种独特的爱情观点、人生追求和对未来生活的向往所吸引，在它的指引下，独自从哈尔滨飞到了深圳。当我走出深圳机场，茫茫人海中，那一瞬间目光的相遇……只一眼，我便认定了你，沈坤——我此生的挚爱！

当时，你就站在出口处，看着我，笑着伸出手，对我说："走，我们回家吧！"看着你温暖的笑容，我的心在那一刻被你融化了，自然而然的把手递给了你……

你的手很暖，温暖了我的身心，我被你牵着，当时心里是满满的甜蜜感！

现在，我还常常想起认识你的那一年，很庆幸当时自己很勇敢，才没有错过你这样的好男人！

与你一起生活，你给了我不同于常人的生活体验，跟你在一起的每一天，你都给我感动、惊喜，而我就这样逐渐被你宠成骄傲的小公主……

我常常欺负你，而你总是包容我的任性、无理和刁蛮，你换着花样给我做各种美食，还大言不惭地向我高呼："我是你忠实的奴隶，而你是我的女王，有什么吩咐你就喊小的……"

亲爱的老公，你实在是太可爱了！你任由我睡到自然醒，哪怕我一觉睡到下午……我醒来就会呼唤你，而你总是在第一时间欢快地出现在我眼前，狂亲我的额头说："宝贝，饭做好啦，吃饭喽！"

看看，这就是我的男人，疼我、爱我、宠我、呵护我、在乎我、心疼我、理解我、体谅我、包容我的好男人！

其实生活真的很简单，有个懂你的人，就是最大的幸福。这个人，不一定要十全十美，只要他能读懂你，能走进你的心灵深处，能看懂你心里的一切；最懂你、最爱你的人，总是会一直陪在你身边，默默守护你，不让你受一点点的委屈。我很幸运，拥有了这个世界上最优秀的你。我说的优秀，不是说你有多大才华、多雄厚的资本和多俊秀的外表，而是你对待爱情和对待我的态度！

可是亲爱的老公，你快把你的小公主宠坏了呀！

我喜欢睡到自然醒，你就得悄无声息地在家里等候我起床，甚至因此改变了正常的作息时间——上午，无论谁的电话一律不接；

我喜欢逛街，你就得不辞辛苦地陪着我，外加辛苦拎包；

我喜欢吃各种口味的美食，你就挖空心思做给我吃；

我喜欢做小懒虫，任性地在家里当公主，你就把家务全包了；

我喜欢欺负你，你却任由我欺负，还信誓旦旦地向我表白说："我其实有受虐倾向……"；

我喜欢捉弄你，喜欢看你傻乎乎的样子，喜欢你每一天为我忙忙碌碌——只因为有你，一切都是那么美好！

感恩遇见你、感恩你我的缘分、感恩你对我的好、感恩你对我的爱、感恩我们一起幸福的日日夜夜……

百花各有百花的好，浮华世界诱惑万千，但是，肯陪你一世的人错过了，或许就不会再有了……

我知道你在追求真爱的道路上走了很多弯路，但时刻不忘真爱信仰；我也执着追求了多年，虽然身边不乏优秀的追求者，但总是觉得缺少某种东西，直到你的出现，我才觉得，我的一生，就是你了！而你也告诉我，你追求爱情这么辛苦，就是为了等待我的出现……

亲爱的老公，因为你的缘故，我变成了这个世界上最幸福的小女人。

所谓“种瓜得瓜，种豆得豆”，感情亦是如此，你想要什么首先就要付出什么，真正的爱情肯定是付出而不是索取！我与你都是这个社会的另类，我们也付出了不少，但最终我们收获了令人羡慕的爱情。

我的思想很简单，写这篇真情告白也不是为了表现，只是把内心最真实的爱情感受表达出来，因为我就是一个幸福得有点任性的女子……

最后我想向阅读本书的读者说两句，在这个世界上，真正能把创新思想融入生活、爱情和从事的职业中的人并不多，而沈坤就是其中之一，这说明他是一个表里如一的人。他在营销中的奇招怪术得益于横向思维，他对待爱情的另类观点同样也得益于横向思维。希望本书对大家有帮助！

——深圳双剑破局营销策划机构 CEO，沈坤老师夫人：王宏

员工和同伴眼中的沈坤

老大是一个诗情画意的性情中人，会不时地在空间、博客里写诗歌、小说。他的诗歌仿佛都有生命，当你看他的诗时，能切身地体会到一种淡淡的伤感或是安然的状态。老大还是一个对任何事都充满激情还略带童真的人，你可能在见到他的第一面就被他积极的个性所感染，这点在这个复杂的社会很难得。

生活中，老大对我们无微不至地关怀，因为我们住的地方离市区远，老大几乎每个月都要去超市给我们带回好多吃的和用的东西。他这样做自己也觉得开心，因为他是在用心与我们做朋友、做家人。

我在长沙的几个月里，专业能力得到很大的提高，这是我离开双剑后，心中仍不忘双剑的原因。在此，谢谢双剑！

——原双剑创意总监：李凤《双剑的日子，值得一生的回忆》

沈坤，其实对他的称呼有很多，如沈总、老大、大侠，还有背地里我们亲切地叫他“老沈”。他一点也不老，还十分“臭美”。

他是公司的老板，带着我们在“江湖”上打拼，工作时的他严肃、认真、充满激情。碰到紧急的项目，他会陪我们一起加班，帮助同事修改策划案，偶尔也会因为我们的小错误生气，其实我们都知道这是因为他对我们的要求严格。

他也是一个精明的老板，有时候我们不认真工作都会觉得对不起他。不过他有时却有一些固执，他觉得好的东西就一定会坚持到底，我们当时可能会质疑，但最后也会被他的想法打动。在工作上一定要说的一点是，老大是一个愿意给年轻人机会的老板，在许多公司拒绝应届生时，老大却给了他们机会和成长的环境，这一点非常值得我们尊敬，也是我特别要感谢的。

——双剑平面设计师、培训助理：张娟《父亲、兄长、朋友——我眼中的沈坤》

在双剑的日子，总是忙碌而充实，领头羊沈坤先生当然是快乐的源泉，这主要表现在以下方面：

在工作创意上，双剑诸位剑客一次又一次突破思维的“天花板”，在错综复杂的脉络中，寻求问题的关键点。在智慧风暴上，运用深浸、击碎、揉捏、重塑、再造等手法整合思想的碎片，总是在“山重水复疑无路”之际，有灵光乍现的创意跳将出来。高潮总会出现在创意无法突破之时，沈坤先生总会拿出独门暗器——沈氏词汇交叉绝技，进行“秒杀游戏”。这一刻，大家无比亢奋，总会见证一个个难点被迎刃而解。此时此刻，沈坤先生俨然是指挥千军万马的司令长官，是双剑门的灵魂、领袖、老总！

也许企业界朋友同沈坤先生沟通与其他营销策划人的感觉是不一样的，几乎所有人都建议客户“往东走”，沈坤先生的意见往往是“往西走”。这不奇怪，因为沈坤先生是站在全球视野的高度审视问题，从突破人类思维的角度考究企业营销难题。

——原双剑高级策划师、项目总监：陈海超《沈坤先生其人、其论、其事》

多数营销策划人把营销策划当成生意来做，以谋求利益为目的，而“魔鬼营销人”却把营销策划当成自己的终身事业来经营。不可否认，营销策划工作是一项费力不讨好的工作，从一个好创意的诞生到实现其商业价值并非一蹴而就，它考验的是策划人的信心和能耐。而我们看到了把职业当成事业做的沈坤，他积极主动地投入工作，以换位思考的心态主动钻研，强烈的求知、求深欲望和行动，主动增强自己的知识储备，充分发挥自己的潜能，靠着这种自我牺牲与忘我奋斗的尽职尽责和不断超越，正攀登着他的事业高峰和人生高峰，他把最大的快乐归结为做自己喜欢的工作。

在深圳这样一个缺少诚信而又充满浮躁的环境中，可能很难找到纯洁的朋友，特别是能长期交往的一般男女关系的朋友。但他却有着一帮不离不弃的忠诚“粉丝”，这是因为他才华横溢的魅力和极具人生觉悟的修炼吸引了他们，他把帮别人就是帮自己视为一种快乐。

作为一位营销人、一名策划人、一个男人，沈坤的快乐境界令人羡慕。

——原双剑公司副总裁、现最棒指南针网站 CEO：陈旭军《我为什么追随沈坤成为杀手一员?》

同事习惯称呼沈坤为老大或者坤哥，假如你叫他沈总，那就见外了。坤哥是一个非常感性的人，平时对待朋友、同事都是温顺的，虽然有时会因为一些事非常生气，但很快就会给你送上一个小点心，早已经忘记了自己为什么生气。这个大家庭已经营造了一种自觉的和谐氛围，坤哥基本上没有给大家制定上班的作息时间，一切都是以快乐为中心，发挥员工的积极主动性。在这里，只要稍一懒惰就会变得不自信，大家的心中有一个共同的目标——坤哥！

如果说一个企业的成长需要一个优秀的团队，那么往哪里走，却需要一个领袖。

——双剑平面设计总监、策划项目总监：彭小松《活着就该像沈坤一样战斗》

徒弟眼中的沈坤

我从2001年上大学时就开始创业，当时还不知道世界上有横向思维这个概念。但是学习了横向思维再回过头看，当时操作的几个项目的经典手法都用到了横向思维的位移策略，轻松打出一片天地，能够在大学未毕业就资产过千万，手下几千员工。

——“大师兄”黄周城《神交15年的横向思维》

沈坤的《营销破局秘籍》，我只阅读了几页就被吸引，此后便一发不可收拾，开始疯狂收集关于沈坤及破局营销方面的资料和书籍。随着作者的思维，我进入了一个全新的思维世界：横向思维。原来在这个世界上除了逻辑思维外还有一种全新的横向思维方式存在，这完全是我原有知识体系边界之外的东西。

这种全新的横向思维方式，让我对自己脑海内原有的知识重新进行思考并重新进行排列组合。我欣喜地发现，就这样一个小小的动作，之前逻辑思维框架内的知识，神奇地产生了很多从前未曾想到过的天马行空的狂野想法，而这些疯狂的想法是之前无论如何抓破脑袋也难以想象出来的东西。横向思维真是太神奇了！

——第二大弟子杨继华《我对横向思维的崇拜》

直到遇到沈坤老师，才有一种恍然大悟的感觉，现在一直觉得认识师父太晚了。有句话说得好："读万卷书，不如行万里路；行万里路，不如名师指路。"我对这句话理解得无比深刻，在读研究生的时候，导师是中国工程院的院士，创业后，导师说过："创业艰难，要努力。"

对于创业者而言，最重要的是根据市场的需求去研发产品。这个非常关键，许多发明家同仁创造出产品去找市场，本身就本末倒置了，发明出来的新产品，传统的营销方式很难行得通，只有横向思维这条路才能破局。随着对横向思维的学习，我发现横向思维的作用非常大。一些发明家志士们，茅庐漏水，却心忧天下寒士的保暖，那就赶紧学下横向思维吧。

——十三弟子李征《我为何要拜沈坤为师学习横向思维?》

师父很多的策划案例，一方面，给客户的是整体性的解决方案；另一方面，从来不会因为同行在做什么，自己就要做什么。在某一个出彩的点上去模仿他人，只会狼狈不堪，因为我们看到的是表面，却看不到背后的逻辑。

根据这段时间与师父沈坤的近距离接触，研读师父的策划案例，我的理解是，在进行营销创新时，需要将横向思维与逻辑思维交替使用，达到建立框架与打破框架的螺旋进化，最终在动态的平衡中使企业的营销工作向前发展。

实际应用中，我们习惯使用逻辑思维来思考。如果要使用横向思维，一方面，这是一个主动的动作，需要有意识的使用；另一方面，使用横向思维也需要一系列的工具与方法。这两方面原因都需要我们进行大量的横向思维的训练……

——十一弟子韩耀峰《横向思维对我营销理念的启发》

营销同行眼中的沈坤

（1）沈老大基本上以公益方式，将自己苦心研究 10 多年的横向思维倾囊相授，在中国创意、策划界前无古人，堪称壮举！

（2）在逻辑思维横行的中国（营销界），横向思维以一种"无厘头"

“不按常规套路”出牌的打法，深得中国“水性思维”之妙！是差异化，更是跨界整合、市场颠覆与重构，将在中国营销界乃至各个创新领域发挥出巨大的威力！

（3）横向思维貌似路长全的“切割营销”，但深究却迥异。切割是从现有市场去切，是试图对传统逻辑思维构建的市场进行重新定义，试图自定游戏规则。而横向思维则是创造，可能和原品类市场没有任何关系，是另辟蹊径的蓝海大道。

（4）与“定位理论”相比，横向思维强调消费者视角与思维、强调品牌与消费的精神共鸣、强调为产品本身赋予尖叫效应，而非自我标榜（标签）式的卡位。

——正略营销机构创始人之一，广西农副特投资有限公司总经理：秦剑《横向思维是中国最实战的营销创新武器》

沈老师和我们分享的是创新体系中的“独孤九剑”，创新中的九大方法，结合双剑破局实战案例，深入浅出、精彩纷呈。

第一，破阵剑。我理解破阵，是对现状的破除，打破现存的局面，取得新的生机。人一般都有思维的惯性、思维的盲点，存在的就是合理的，所以对于自身的一切都认为理所当然、不可侵犯。而创新就是打破现存的一切，打破既得的一切，争取百分之一的可能，才可“置之死地而后生”。没有这种“破釜沉舟”的决心，创新只是“纸上谈兵”、“隔靴搔痒”。

第二，逃离剑。逃离逻辑思维的陷阱，进入偶然世界中去发现创新的乐趣。面临一个问题的时候，人往往会被问题困住，这就是所谓的“钻牛角尖”。那些陷入问题而不能自拔的人，最后会把自己搞得很累，甚至搞“死”自己。做企业，不会逃离者，一味沉湎于自己过去的成功经验者，不一条道走到黑不罢休，不把企业做破产不收手，正如一句成语：不见棺材不掉泪。

第三，疯癫剑。当然不是真的疯癫，而是转变看问题的角度，所谓颠倒看世界是也。

第四，入心剑。改变问题的切入点，这是对问题的定义，或者说框架。思维由哪里切入非常关键。

第五，融合剑。融合，顾名思义，就是将两个不同的概念进行融合交叉，产生新的想法。这类似于“美第奇效应”，当思想立足于不同领域、不同学科、不同文化的交叉点上，可以将现有的各种概念联系在一起组成大量不同凡响的新想法。

第六，拟喻剑。从随机诞生的词汇概念中，寻找相似的属性。

第七，分化剑。将难题的概念进行属性拆分。

第八，聚合剑。思维需要聚焦，才能诞生有价值的创意；思考需要有焦点目标，我们通过思考要解决什么问题？在横向思维里，永远没有不可能！在遇到难题之前，制定目标，以终为始，我们最终的目标是什么，围绕目标发散思维，设想解决之道。这也是国内著名的战略规划大师的思维秘诀：顺瓜摸藤，先想好所要的瓜，这是我们的目标；找到瓜，再顺着瓜去摸藤，这样的瓜需要什么样的藤——支持系统、支持条件才可成立。于是，逐步完善、逐步设计、逐步策划，进而变成现实。

第九，驭势剑。创新活动中，驾驭创意进程，把握闪光创意非常重要，驾驭整个头脑风暴的过程和方向。这需要丰富的经验和高超的功底、技巧。

——非著名策划人、地产营销人：王伟光《沈坤老师和他的横向思维》

企业客户眼中的沈坤

三天的横向思维课程犹如一场思维的“瑜伽盛宴”，思维的“柔韧度”得到质的突破，思维的力量得到大幅提升。沈坤老师的横向思维利剑劈开了我多年的思想藩篱。不再纠结各种逻辑时，整个人的思路突然清晰，眼前明亮，有如“诵经高僧醍醐灌顶”顿悟的轻松与自由，海阔天空任我翱翔。

我在想什么样的人才能有这么强大的思想力度，能够在很短暂的时间内对他人的思想有颠覆性影响？沈坤老师的平日言谈与生活理念给我极大的启示。不买车不买房，过简单的物质生活，在物欲横流的社会是需要极大的定力与修为的。

——深圳某公司董事长，多家公司投资人：万鹏《什么样的力量，能在三天内改变一个人的思想?》

这是一本让人脑洞大开的营销宝典。沈坤先生是中国营销策划界不可多得的奇才，他的横向思维理论和营销怪招堪称营销战争的《孙子兵法》，给互联网时代的中国企业提供了一个制胜的法宝，个中奥妙，尽在此书。

——名门闺秀董事长：钟悦

《孙子兵法》说：以正合以奇胜。快速超越甚至颠覆对手的制胜利器是出奇兵，沈坤兄的营销28怪招可谓出奇制胜，刀刀见血。

——著名营销策划专家，百商会投资集团董事长：赵强

沈坤老师的思维确实与一般人不同，这个不同不反是指他在营销上的另类思维和专门用于创新的横向思维，我所指的仅仅是他对待生活和对待爱情的与众不同，他是一个生活与营销都敢破局创新的人。

——全国政协常委、成都通威集团董事局主席：刘汉元

推荐作者得新书！

博瑞森征稿启事

亲爱的读者朋友：

感谢您选择了博瑞森图书！希望您手中的这本书能给您带来实实在在的帮助！

博瑞森一直致力于发掘好作者、好内容，希望能把您最需要的思想、方法，一字一句地交到您手中，成为管理知识与管理实践的桥梁。

但是我们也知道，有很多深入企业一线、经验丰富、乐于分享的优秀专家，或者忙于实战没时间，或者缺少专业的写作指导和便捷的出版途径，只能茫然以待……

还有很多在竞争大潮中坚守的企业，有着异常宝贵的实践经验和独特的洞察，但缺少专业的记录和整理者，无法让企业的经验和故事被更多的人了解、学习……

对读者而言，这些都太遗憾了！

博瑞森非常希望能将这些埋藏的"宝藏"发掘出来，贡献给广大读者，让更多的人从中受益。

所以，我们真心地邀请您，我们的老读者，帮我们搜寻：

推荐作者

可以是您自己或您的朋友，只要对本土管理有实践、有思考；可以是您通过网络、杂志、书籍或其他途径了解的某位专家，不管名气大小，只要他的思想和方法曾让您深受启发。

可以是管理类作品，也可以超出管理，各类优秀的社科作品或学术作品。

推荐企业

可以是您自己所在的企业，或者是您熟悉的某家企业，其创业过程、运营经历、产品研发、机制创新，等等。无论企业大小，只要乐于分享、有值得借鉴书写之处。

总之，好内容就是一切！

博瑞森绝非"自费出书"，出版费用完全由我们承担。您推荐的作者或企业案例一经采用，我们会立刻向您赠送书币1000元，可直接换取任何博瑞森图书的纸书或电子书。

感谢您对本土管理原创、博瑞森图书的支持！

推荐投稿邮箱：bookgood@126.com　　推荐手机：13611149991

1120 本土管理实践与创新论坛

这是由100多位本土管理专家联合创立的企业管理实践学术交流组织，旨在孵化本土管理思想、促进企业管理实践、加强专家间交流与协作。

论坛每年集中力量办好两件大事：第一，“**出一本书**”，汇聚一年的思考和实践，把最原创、最前沿、最实战的内容集结成册，贡献给读者；第二，“**办一次会**”，每年11月20日本土管理专家们汇聚一堂，碰撞思想、研讨案例、交流切磋、回馈社会。

论坛理事名单（以年龄为序，以示传承之意）

首届常务理事：

彭志雄　曾　伟　施　炜　杨　涛　张学军
郭　晓　程绍珊　胡八一　王祥伍　李志华
陈立云　杨永华

理　　事：

卢根鑫　王铁仁　周荣辉　曾令同　陆和平　宋杼宸　张国祥
刘承元　曹子祥　宋新宇　吴越舟　吴　坚　戴欣明　仲昭川
刘春雄　刘祖轲　段继东　何　慕　秦国伟　贺兵一　张小虎
郭　剑　余晓雷　黄中强　朱玉童　沈　坤　阎立忠　张　进
丁兴良　朱仁健　薛宝峰　史贤龙　卢　强　史幼波　叶敦明
王明胤　陈　明　岑立聪　方　刚　何足奇　周　俊　杨　奕
孙行健　孙嘉晖　张东利　郭富才　叶　宁　何　屹　沈　奎
王　超　马宝琳　谭长春　夏惊鸣　张　博　李洪道　胡浪球
孙　波　唐江华　程　翔　刘红明　杨鸿贵　伯建新　高可为
李　蓓　王春强　孔祥云　贾同领　罗宏文　史立臣　李政权
余　盛　陈小龙　尚　锋　邢　雷　余伟辉　李小勇　全怀周
初勇钢　陈　锐　高继中　聂志新　黄　屹　沈　拓　徐伟泽
谭洪华　崔自三　王玉荣　蒋　军　侯军伟　黄润霖　金国华
吴　之　葛新红　周　剑　崔海鹏　柏　龑　唐道明　朱志明
曲宗恺　杜　忠　远　鸣　范月明　刘文新　赵晓萌　张　伟
韩　旭　韩友诚　熊亚柱　孙彩军　刘　雷　王庆云　李少星
俞士耀　丁　昀　黄　磊　罗晓慧　伏泓霖　梁小平　鄢圣安

企业案例·老板传记

	书名．作者	内容/特色	读者价值
企业案例·老板传记	**你不知道的加多宝：原市场部高管讲述** 曲宗恺　牛玮娜　著	前加多宝高管解读加多宝	全景式解读，原汁原味
	借力咨询：德邦成长背后的秘密 官同良　王祥伍　著	讲述德邦是如何借助咨询公司的力量进行自身与发展的	来自德邦内部的第一线资料，真实、珍贵，令人受益匪浅
	收购后怎样有效整合：一个重工业收购整合实录（待出版） 李少星　著	讲述企业并购后的事	语言轻松活泼，对并购后的企业有借鉴作用
	娃哈哈区域标杆：豫北市场营销实录 罗宏文　赵晓萌　等著	本书从区域的角度来写娃哈哈河南分公司豫北市场是怎么进行区域市场营销，成为娃哈哈全国第一大市场、全国增量第一高市场的一些操作方法	参考性、指导性，一线真实资料
	六个核桃凭什么：从0过100亿 张学军　著	首部全面揭秘养元六个核桃裂变式成长的巨著	学习优秀企业的成长路径，了解其背后的理论体系
	像六个核桃一样：打造畅销品的36个简明法则 王　超　范　萍　著	本书分上下两篇：包括"六个核桃"的营销战略历程和36条畅销法则	知名企业的战略历程极具参考价值，36条法则提供操作方法
	解决方案营销实战案例 刘祖轲　著	用10个真案例讲明白什么是工业品的解决方案式营销，实战、实用	有干货、真正操作过的才能写得出来
	招招见销量的营销常识 刘文新　著	如何让每一个营销动作都直指销量	适合中小企业，看了就能用
	我们的营销真案例 联纵智达研究院　著	五芳斋粽子从区域到全国/诺贝尔瓷砖门店销量提升/利豪家具出口转内销/汤臣倍健的营销模式	选择的案例都很有代表性，实在、实操！
	中国营销战实录：令人拍案叫绝的营销真案例 联纵智达　著	51个案例，42家企业，38万字，18年，累计2000余人次参与……	最真实的营销案例，全是一线记录，开阔眼界
	双剑破局：沈坤营销策划案例集 沈　坤　著	双剑公司多年来的精选案例解析集，阐述了项目策划中每一个营销策略的诞生过程，策划角度和方法	一线真实案例，与众不同的策划角度令人拍案叫绝、受益匪浅
	宗：一位制造业企业家的思考 杨　涛　著	1993年创业，引领企业平稳发展20多年，分享独到的心得体会	难得的一本老板分享经验的书
	简单思考：AMT咨询创始人自述 孔祥云　著	著名咨询公司（AMT）的CEO创业历程中点点滴滴的经验与思考	每一位咨询人，每一位创业者和管理经营者，都值得一读
	边干边学做老板 黄中强　著	创业20多年的老板，有经验、能写、又愿意分享，这样的书很少	处处共鸣，帮助中小企业老板少走弯路
	三四线城市超市如何快速成长：解密甘雨亭 IBMG国际商业管理集团　著	国内外标杆企业的经验＋本土实践量化数据＋操作步骤、方法	通俗易懂，行业经验丰富，宝贵的行业量化数据，关键思路和步骤
	中国首家未来超市：解密安徽乐城 IBMG国际商业管理集团　著	本书深入挖掘了安徽乐城超市的试验案例，为零售企业未来的发展提供了一条可借鉴之路	通俗易懂，行业经验丰富，宝贵的行业量化数据，关键思路和步骤

续表

互联网 +			
书名．作者		内容/特色	读者价值
互联网 +	**互联网时代的银行转型** 韩友诚　著	以大量案例形式为读者全面展示和分析了银行的互联网金融转型应对之道	结合本土银行转型发展案例的书籍
	正在发生的转型升级·实践 本土管理实践与创新论坛　著	企业在快速变革期所展现出的管理变革新成果、新方法、新案例	重点突出对于未来企业管理相关领域的趋势研判
	触发需求：互联网新营销样本·水产 何足奇　著	传统产业都在苦闷中挣扎前行，本书通过鲜活的案例告诉你如何以需求链整合供应链，从而把大家熟知的传统行业打碎了重构、重做一遍	全是干货，值得细读学习，并且作者的理论已经经过了他亲自操刀的实践检验，效果惊人，就在书中全景展示
	移动互联新玩法：未来商业的格局和趋势 史贤龙　著	传统商业、电商、移动互联，三个世界并存，这种新格局的玩法一定要懂	看清热点的本质，把握行业先机，一本书搞定移动互联网
	微商生意经：真实再现33个成功案例操作全程 伏泓霖　罗晓慧　著	本书为33个真实案例，分享案例主人公在做微商过程中的经验教训	案例真实，有借鉴意义
	阿里巴巴实战运营——14招玩转诚信通 聂志新　著	本书主要介绍阿里巴巴诚信通的十四个基本推广操作，从而帮助使用诚信通的用户及企业更好地提升业绩	基本操作，很多可以边学边用，简单易学
	今后这样做品牌：移动互联时代的品牌营销策略 蒋　军　著	与移动互联紧密结合，告诉你老方法还能不能用，新方法怎么用	今后这样做品牌就对了
	互联网＋"变"与"不变"：本土管理实践与创新论坛集萃．2016 本土管理实践与创新论坛　著	本土管理领域正在产生自己独特的理论和模式，尤其在移动互联时代，有很多新课题需要本土专家们一起研究	帮助读者拓宽眼界、突破思维
	创造增量市场：传统企业互联网转型之道 刘红明　著	传统企业需要用互联网思维去创造增量，而不是用电子商务去转移传统业务的存量	教你怎么在"互联网＋"的海洋中创造实实在在的增量
	重生战略：移动互联网和大数据时代的转型法则 沈　拓　著	在移动互联网和大数据时代，传统企业转型如同生命体打算与再造，称之为"重生战略"	帮助企业认清移动互联网环境下的变化和应对之道
	画出公司的互联网进化路线图：用互联网思维重塑产品、客户和价值 李　蓓　著	18个问题帮助企业一步步梳理出互联网转型思路	思路清晰、案例丰富，非常有启发性
	7个转变，让公司3年胜出 李　蓓　著	消费者主权时代，企业该怎么办	这就是互联网思维，老板有能这样想，肯定倒不了
	跳出同质思维，从跟随到领先 郭　剑　著	66个精彩案例剖析，帮助老板突破行业长期思维惯性	做企业竟然有这么多玩法，开眼界

续表

行业类：零售、白酒、食品/快消品、农业、医药、建材家居等

书名．作者		内容/特色	读者价值
零售·超市·餐饮·服装	**1. 总部有多强大，门店就能走多远** **2. 超市卖场定价策略与品类管理** **3. 连锁零售企业招聘与培训破解之道** **4. 中国首家未来超市：解密安徽乐城** **5. 三四线城市超市如何快速成长：解密甘雨亭** IBMG 国际商业管理集团 著	国内外标杆企业的经验 + 本土实践量化数据 + 操作步骤、方法	通俗易懂，行业经验丰富，宝贵的行业量化数据，关键思路和步骤
	涨价也能卖到翻 村松达夫 【日】	提升客单价的 15 种实用、有效的方法	日本企业在这方面非常值得学习和借鉴
	移动互联下的超市升级 联商网专栏频道 著	深度解析超市转型升级重点	帮助零售企业把握全局、看清方向
	手把手教你做专业督导：专卖店、连锁店 熊亚柱 著	从督导的职能、作用，在工作中需要的专业技能、方法，都提供了详细的解读和训练办法，同时附有大量的表单工具	无论是店铺需要统一培训，还是个人想成为优秀的督导，有这一本就够了
	百货零售全渠道营销策略 陈继展 著	没有照本宣科、说教式的絮叨，只有笔者对行业的认知与理解，庖丁解牛式的逐项解析、展开	通俗易懂，花极少的时间快速掌握该领域的知识及趋势
	零售：把客流变成购买力 丁 昀 著	如何通过不断升级产品和体验式服务来经营客流	如何进行体验营销，国外的好经营，这方面有启发
	餐饮企业经营策略第一书 吴 坚 著	分别从产品、顾客、市场、盈利模式等几个方面，对现阶段餐饮企业的发展提出策略和思路	第一本专业的、高端的餐饮企业经营指导书
	电影院的下一个黄金十年：开发·差异化·案例 李保煜 著	对目前电影院市场存大的问题及如何解决进行了探讨与解读	多角度了解电影院运营方式及代表性案例
	赚不赚钱靠店长：从懂管理到会经营 孙彩军 著	通过生动的案例来进行剖析，注重门店管理细节方面的能力提升	帮助终端门店店长在管理门店的过程中实现经营思路的拓展与突破
耐消品	**汽车配件这样卖：汽车后市场销售秘诀 100 条** 俞士耀 著	汽配销售业务员必读，手把手教授最实用的方法，轻松得来好业绩	快速上岗，专业实效，业绩无忧
	跟行业老手学经销商开发与管理：家电、耐消品、建材家居 黄润霖 著	全部来源于经销商管理的一线问题，作者用丰富的经验将每一个问题落实到最便捷快速的操作方法上去	书中每一个问题都是普通营销人亲口提出的，这些问题你也会遇到，作者进行的解答则精彩实用
白酒	**白酒到底如何卖** 赵海永 著	以市场实战为主，多层次、全方位、多角度地阐释了白酒一线市场操作的最新模式和方法，接地气	实操性强，37 个方法、6 大案例帮你成功卖酒
	变局下的白酒企业重构 杨永华 著	帮助白酒企业从产业视角看清趋势，找准位置，实现弯道超车的书	行业内企业要减少 90%，自己在什么位置，怎么做，都清楚了

续表

白酒	**1. 白酒营销的第一本书(升级版)** **2. 白酒经销商的第一本书** 唐江华　著	华泽集团湖南开口笑公司品牌部长，擅长酒类新品推广、新市场拓展	扎根一线，实战
	区域型白酒企业营销必胜法则 朱志明　著	为区域型白酒企业提供35条必胜法则，在竞争中赢销的葵花宝典	丰富的一线经验和深厚积累，实操实用
	10步成功运作白酒区域市场 朱志明　著	白酒区域操盘者必备，掌握区域市场运作的战略、战术、兵法	在区域市场的攻伐防守中运筹帷幄，立于不败之地
	酒业转型大时代：微酒精选2014－2015 微酒　主编	本书分为五个部分：当年大事件、那些酒业营销工具、微酒独立策划、业内大调查和十大经典案例	了解行业新动态、新观点，学习营销方法
快消品·食品	**5小时读懂快消品营销：中国快消品案例观察** 陈海超　著	多年营销经验的一线老手把案例掰开了、揉碎了，从中得出的各种手段和方法给读者以帮助和启发	营销那些事儿的个中秘辛，求人还不一定告诉你，这本书里就有
	快消品招商的第一本书：从入门到精通 刘　雷　著	深入浅出，不说废话，有工具方法，通俗易懂	让零基础的招商新人快速学习书中最实用的招商技能，成长为骨干人才
	乳业营销第一书 侯军伟　著	对区域乳品企业生存发展关键性问题的梳理	唯一的区域乳业营销书，区域乳品企业一定要看
	食用油营销第一书 余　盛　著	10多年油脂企业工作经验，从行业到具体实操	食用油行业第一书，当之无愧
	中国茶叶营销第一书 柏　龑　著	如何跳出茶行业“大文化小产业”的困境，作者给出了自己的观察和思考	不是传统做茶的思路，而是现在商业做茶的思路
	调味品营销第一书 陈小龙　著	国内唯一一本调味品营销的书	唯一的调味品营销的书，调味品的从业者一定要看
	快消品营销人的第一本书：从入门到精通 刘　雷　伯建新　著	快消行业必读书，从入门到专业	深入细致，易学易懂
	变局下的快消品营销实战策略 杨永华　著	通胀了，成本增加，如何从被动应战变成主动的“系统战”	作者对快消品行业非常熟悉、非常实战
	快消品经销商如何快速做大 杨永华　著	本书完全从实战的角度，评述现象，解析误区，揭示原理，传授方法	为转型期的经销商提供了解决思路，指出了发展方向
	一位销售经理的工作心得 蒋　军　著	一线营销管理人员想提升业绩却无从下手时，可以看看这本书	一线的真实感悟
	快消品营销：一位销售经理的工作心得2 蒋　军　著	快消品、食品饮料营销的经验之谈，重点图书	来源与实战的精华总结
	快消品营销与渠道管理 谭长春　著	将快消品标杆企业渠道管理的经验和方法分享出来	可口可乐、华润的一些具体的渠道管理经验，实战
	成为优秀的快消品区域经理(升级版) 伯建新　著	用“怎么办”分析区域经理的工作关键点，增加30%全新内容，更贴近环境变化	可以作为区域经理的“速成催化器”
	销售轨迹：一位快消品营销总监的拼搏之路 秦国伟　著	本书讲述了一个普通销售员打拼成为跨国企业营销总监的真实奋斗历程	激励人心，给广大销售员以力量和鼓舞

续表

快消品·食品	**快消老手都在这样做:区域经理操盘锦囊** 方刚　著	非常接地气,全是多年沉淀下来的干货,丰富的一线经验和实操方法不可多得	在市场摸爬滚打的“老油条”,那些独家绝招妙招一般你问都是问不来的
	动销四维:全程辅导与新品上市 高继中　著	从产品、渠道、促销和新品上市详细讲解提高动销的具体方法,总结作者18年的快消品行业经验,方法实操	内容全面系统,方法实操
农业	**新农资如何换道超车** 刘祖轲　等著	从农业产业化、互联网转型、行业营销与经营突破四个方面阐述如何让农资企业占领先机、提前布局	南方略专家告诉你如何应对资源浪费、生产效率低下、产能严重过剩、价格与价值严重扭曲等
	中国牧场管理实战:畜牧业、乳业必读 黄剑黎　著	本书不仅提供了来自一线的实际经验,还收入了丰富的工具文档与表单	填补空白的行业必读作品
	中小农业企业品牌战法 韩　旭　著	将中小农业企业品牌建设的方法,从理论讲到实践,具有指导性	全面把握品牌规划,传播推广,落地执行的具体措施
	农资营销实战全指导 张　博　著	农资如何向“深度营销”转型,从理论到实践进行系统剖析,经验资深	朴实、使用!不可多得的农资营销实战指导
	农产品营销第一书 胡浪球　著	从农业企业战略到市场开拓、营销、品牌、模式等	来源于实践中的思考,有启发
	变局下的农牧企业9大成长策略 彭志雄　著	食品安全、纵向延伸、横向联合、品牌建设……	唯一的农牧企业经营实操的书,农牧企业一定要看
医药	**在中国,医药营销这样做:时代方略精选文集** 段继东　主编	专注于医药营销咨询15年,将医药营销方法的精华文章合编,深入全面	可谓医药营销领域的顶尖著作,医药界读者的必读书
	医药新营销:制药企业、医药商业企业营销模式转型 史立臣　著	医药生产企业和商业企业在新环境下如何做营销?老方法还有没有用?如何寻找新方法?新方法怎么用?本书给你答案	内容非常现实接地气,踏实谈问题说方法
	医药企业转型升级战略 史立臣　著	药企转型升级有5大途径,并给出落地步骤及风险控制方法	实操性强,有作者个人经验总结及分析
	新医改下的医药营销与团队管理 史立臣　著	探讨新医改对医药行业的系列影响和医药团队管理	帮助理清思路,有一个框架
	医药营销与处方药学术推广 马宝琳　著	如何用医学策划把“平民产品”变成“明星产品”	有真货、讲真话的作者,堪称处方药营销的经典!
	新医改了,药店就要这样开 尚　锋　著	药店经营、管理、营销全攻略	有很强的实战性和可操作性
	电商来了,实体药店如何突围 尚　锋　著	电商崛起,药店该如何突围?本书从促销、会员服务、专业性、客单价等多重角度给出了指导方向	实战攻略,拿来就能用
	OTC医药代表药店销售36计 鄢圣安　著	以《三十六计》为线,写OTC医药代表向药店销售的一些技巧与策略	案例丰富,生动真实,实操性强

续表

医药	**OTC医药代表药店开发与维护** 鄢圣安　著	要做到一名专业的医药代表,需要做什么、准备什么、知识储备、操作技巧等	医药代表药店拜访的指导手册,手把手教你快速上手
	引爆药店成交率1:店员导购实战 范月明　著	一本书解决药店导购所有难题	情景化、真实化、实战化
	引爆药店成交率2:经营落地实战 范月明　著	最接地气的经营方法全指导	揭示了药店经营的几类关键问题
	引爆药店成交率:专业化销售解决方案(待出版) 范月明　著	药品搭配分析与关联销售	为药店人专业化助力
建材家居	**建材家居营销:除了促销还能做什么** 孙嘉晖　著	一线老手的深度思考,告诉你在建材家居营销模式基本停滞的今天,除了促销,营销还能怎么做	给你的想法一场革命
	建材家居营销实务 程绍珊　杨鸿贵　主编	价值营销运用到建材家居,每一步都让客户增值	有自己的系统、实战
	建材家居门店销量提升 贾同领　著	店面选址、广告投放、推广助销、空间布局、生动展示、店面运营等	门店销量提升是一个系统工程,非常系统、实战
	10步成为最棒的建材家居门店店长 徐伟泽　著	实际方法易学易用,让员工能够迅速成长,成为独当一面的好店长	只要坚持这样干,一定能成为好店长
	手把手帮建材家居导购业绩倍增:成为顶尖的门店店员 熊亚柱　著	生动的表现形式,让普通人也能成为优秀的导购员,让门店业绩长红	读着有趣,用着简单,一本在手、业绩无忧
	建材家居经销商实战42章经 王庆云　著	告诉经销商:老板怎么当、团队怎么带、生意怎么做	忠言逆耳,看着不舒服就对了,实战总结,用一招半式就值了
工业品	**销售是门专业活:B2B、工业品** 陆和平　著	销售流程就应该跟着客户的采购流程和关注点的变化向前推进,将一个完整的销售过程分成十个阶段,提供具体方法	销售不是请客吃饭拉关系,是个专业的活计!方法在手,走遍天下不愁
	解决方案营销实战案例 刘祖轲　著	用10个真案例讲明白什么是工业品的解决方案式营销,实战、实用	有干货、真正操作过的才能写得出来
	变局下的工业品企业7大机遇 叶敦明　著	产业链条的整合机会、盈利模式的复制机会、营销红利的机会、工业服务商转型机会……	工业品企业还可以这样做,思维大突破
	工业品市场部实战全指导 杜　忠　著	工业品市场部经理工作内容全指导	系统、全面、有理论、有方法,帮助工业品市场部经理更快提升专业能力
	工业品营销管理实务 李洪道　著	中国特色工业品营销体系的全面深化、工业品营销管理体系优化升级	工具更实战,案例更鲜活,内容更深化
	工业品企业如何做品牌 张东利　著	为工业品企业提供最全面的品牌建设思路	有策略、有方法、有思路、有工具
	丁兴良讲工业4.0 丁兴良　著	没有枯燥的理论和说教,用朴实直白的语言告诉你工业4.0的全貌	工业4.0是什么?本书告诉你答案

续表

工业品	**资深大客户经理：策略准，执行狠** 叶敦明　著	从业务开发、发起攻势、关系培育、职业成长四个方面，详述了大客户营销的精髓	满满的全是干货
	一切为了订单：订单驱动下的工业品营销实战 唐道明　著	其实，所有的企业都在围绕着两个字在开展全部的经营和管理工作，那就是“订单”	开发订单、满足订单、扩大订单。本书全是实操方法，字字珠玑、句句干货，教你获得营销的胜利
金融	**交易心理分析** (美)马克·道格拉斯　著 刘真如　译	作者一语道破赢家的思考方式，并提供了具体的训练方法	不愧是投资心理的第一书，绝对经典
	精品银行管理之道 崔海鹏　何　屹　主编	中小银行转型的实战经验总结	中小银行的教材很多，实战类的书很少，可以看看
	支付战争 Eric M. Jackson　著 徐　彬　王　晓　译	PayPal 创业期营销官，亲身讲述 PayPal 从诞生到壮大到成功出售的整个历史	激烈、有趣的内幕商战故事！了解美国支付市场的风云巨变
	互联网时代的银行转型 韩友诚　著	以大量案例形式为读者全面展示和分析了银行的互联网金融转型应对之道	结合本土银行转型发展案例的书籍
房地产	**产业园区/产业地产规划、招商、运营实战** 阎立忠　著	目前中国第一本系统解读产业园区和产业地产建设运营的实战宝典	从认知、策划、招商到运营全面了解地产策划
	人文商业地产策划 戴欣明　著	城市与商业地产战略定位的关键是不可复制性，要发现独一无二的“味道”	突破千城一面的策划困局
	电影院的下一个黄金十年：开发·差异化·案例 李保煜　著	对目前电影院市场存大的问题及如何解决进行了探讨与解读	多角度了解电影院运营方式及代表性案例

经营类：企业如何赚钱，如何抓机会，如何突破，如何“开源”

	书名．作者	内容/特色	读者价值
抓方向	**让经营回归简单．升级版** 宋新宇　著	化繁为简抓住经营本质：战略、客户、产品、员工、成长	经典，做企业就这几个关键点！
	混沌与秩序Ⅰ：变革时代企业领先之道 **混沌与秩序Ⅱ：变革时代管理新思维** 彭剑锋　尚艳玲　主编	汇集华夏基石专家团队 10 年来研究成果，集中选择了其中的精华文章编纂成册	作者都是既有深厚理论积淀又有实践经验的重磅专家，为中国企业和企业家的未来提出了高屋建瓴的观点
	活系统：跟任正非学当老板 孙行健　尹　贤　著	以任正非的独到视角，教企业老板如何经营公司	看透公司经营本质，激活企业活力
	公司由小到大要过哪些坎 卢　强　著	老板手里的一张“企业成长路线图”	现在我在哪儿，未来还要走哪些路，都清楚了
	企业二次创业成功路线图 夏惊鸣　著	企业曾经抓住机会成功了，但下一步该怎么办？	企业怎样获得第二次成功，心里有个大框架了
	老板经理人双赢之道 陈　明　著	经理人怎养选平台、怎么开局，老板怎样选/育/用/留	老板生闷气，经理人牢骚大，这次知道该怎么办了
	简单思考：AMT 咨询创始人自述 孔祥云　著	著名咨询公司（AMT）的 CEO 创业历程中点点滴滴的经验与思考	每一位咨询人，每一位创业者和管理经营者，都值得一读
	企业文化的逻辑 王祥伍　黄健江　著	为什么企业绩效如此不同，解开绩效背后的文化密码	少有的深刻，有品质，读起来很流畅
	使命驱动企业成长 高可为　著	钱能让一个人今天努力，使命能让一群人长期努力	对于想做事业的人，‘使命’是绕不过去的

续表

思维突破	移动互联新玩法:未来商业的格局和趋势 史贤龙　著	传统商业、电商、移动互联,三个世界并存,这种新格局的玩法一定要懂	看清热点的本质,把握行业先机,一本书搞定移动互联网
	画出公司的互联网进化路线图:用互联网思维重塑产品、客户和价值 李　蓓　著	18 个问题帮助企业一步步梳理出互联网转型思路	思路清晰、案例丰富,非常有启发性
	重生战略:移动互联网和大数据时代的转型法则 沈　拓　著	在移动互联网和大数据时代,传统企业转型如同生命体打算与再造,称之为"重生战略"	帮助企业认清移动互联网环境下的变化和应对之道
	创造增量市场:传统企业互联网转型之道 刘红明　著	传统企业需要用互联网思维去创造增量,而不是用电子商务去转移传统业务的存量	教你怎么在"互联网 +"的海洋中创造实实在在的增量
	7 个转变,让公司 3 年胜出 李　蓓　著	消费者主权时代,企业该怎么办	这就是互联网思维,老板有能这样想,肯定倒不了
	跳出同质思维,从跟随到领先 郭　剑　著	66 个精彩案例剖析,帮助老板突破行业长期思维惯性	做企业竟然有这么多玩法,开眼界
	麻烦就是需求　难题就是商机 卢根鑫　著	如何借助客户的眼睛发现商机	什么是真商机,怎么判断、怎么抓,有借鉴
	互联网 +"变"与"不变":本土管理实践与创新论坛集萃·2016 本土管理实践与创新论坛　著	加速本土管理思想的孕育诞生,促进本土管理创新成果更好地服务企业、贡献社会	各个作者本年度最新思想,帮助读者拓宽眼界、突破思维
财务	写给企业家的公司与家庭财务规划——从创业成功到富足退休 周荣辉　著	本书以企业的发展周期为主线,写各阶段企业与企业主家庭的财务规划	为读者处理人生各阶段企业与家庭的财务问题提供建议及方法,让家庭成员真正享受财富带来的益处
	互联网时代的成本观 程　翔　著	本书结合互联网时代提出了成本的多维观,揭示了多维组合成本的互联网精神和大数据特征,论述了其产生背景、实现思路和应用价值	在传统成本观下为盈利的业务,在新环境下也许就成为亏损业务。帮助管理者从新的角度来看待成本,进一步做好精益管理

管理类:效率如何提升,如何实现经营目标,如何"节流"

	书名. 作者	内容/特色	读者价值
通用管理	1. 让管理回归简单. 升级版 2. 让经营回归简单. 升级版 3. 让用人回归简单 宋新宇　著	宋博士的"简单"三部曲,影响 20 万读者,非常经典	被读者热情地称作"中小企业的管理圣经"
	管理:以规则驾驭人性 王春强　著	详细解读企业规则的制定方法	从人与人博弈角度提升管理的有效性
	员工心理学超级漫画版 邢　雷　著	以漫画的形式深度剖析员工心理	帮助管理者更了解员工,从而更轻松地管理员工

续表

通用管理	**分股合心：股权激励这样做** 段磊　周剑　著	通过丰富的案例，详细介绍了股权激励的知识和实行方法	内容丰富全面、易读易懂，了解股权激励，有这一本就够了
	边干边学做老板 黄中强　著	创业20多年的老板，有经验、能写、又愿意分享，这样的书很少	处处共鸣，帮助中小企业老板少走弯路
	中国式阿米巴落地实践之从交付到交易 胡八一　著	本书主要讲述阿米巴经营会计，"从交付到交易"，这是成功实施了阿米巴的标志	阿米巴经营会计的工作是有逻辑关联的，一本书就能搞定
	中国式阿米巴落地实践之激活组织 胡八一　著	重点讲解如何科学划分阿米巴单元，阐述划分的实操要领、思路、方法、技术与工具	最大限度减少"推行风险"和"摸索成本"，利于公司成功搭建适合自身的个性化阿米巴经营体系
	集团化企业阿米巴实战案例 初勇钢　著	一家集团化企业阿米巴实施案例	指导集团化企业系统实施阿米巴
	阿米巴经营的中国模式 李志华　著	让员工从"要我干"到"我要干"，价值量化出来	阿米巴在企业如何落地，明白思路了
	欧博心法：好管理靠修行 曾　伟　著	用佛家的智慧，深刻剖析管理问题，见解独到	如果真的有'中国式管理'，曾老师是其中标志性人物
流程管理	**1. 用流程解放管理者** **2. 用流程解放管理者2** 张国祥　著	中小企业阅读的流程管理、企业规范化的书	通俗易懂，理论和实践的结合恰到好处
	跟我们学建流程体系 陈立云　著	畅销书《跟我们学做流程管理》系列，更实操，更细致，更深入	更多地分享实践，分享感悟，从实践总结出来的方法论
质量管理	IATF16949质量管理体系详解与案例文件汇编：TS16949转版IATF16949：2016 谭洪华　著	针对IATF的新标准做了详细的解说，同时指出了一些推行中容易犯的错误，提供了大量的表单、案例	案例、表单丰富，拿来就用
	五大质量工具详解及运用案例：APQP/FMEA/PPAP/MSA/SPC 谭洪华　著	对制造业必备的五大质量工具中每个文件的制作要求、注意事项、制作流程、成功案例等进行了解读	通俗易懂、简便易行，能真正实现学以致用
	1. ISO9001：2015新版质量管理体系详解与案例文件汇编 **2. ISO14001：2015新版环境管理体系详解与案例文件汇编** 谭洪华　著	紧密围绕2015新版，逐条详细解读，工具也可以直接套用，易学易上手	企业认证、内审必备
战略落地	**重生——中国企业的战略转型** 施　炜　著	从前瞻和适用的角度，对中国企业战略转型的方向、路径及策略性举措提出了一些概要性的建议和意见	对企业有战略指导意义
	公司大了怎么管：从靠英雄到靠组织 AMT 金国华　著	第一次详尽阐释中国快速成长型企业的特点、问题及解决之道	帮助快速成长型企业领导及管理团队理清思路，突破瓶颈
	低效会议怎么改：每年节省一半会议成本的秘密 AMT 王玉荣　著	教你如何系统规划公司的各级会议，一本工具书	教会你科学管理会议的办法
	年初订计划，年尾有结果：战略落地七步成诗 AMT 郭晓　著	7个步骤教会你怎么让公司制定的战略转变为行动	系统规划，有效指导计划实现

续表

人力资源	**HRBP是这样炼成的之"菜鸟起飞"** 新　海　著	以小说的形式，具体解析HRBP的职责，应该如何操作，如何为业务服务	实践者的经验分享，内容实务具体，形式有趣
	HRBP是这样炼成的之中级修炼 新　海　著	本书以案例故事的方式，介绍了HRBP在实际工作中碰到的问题和挑战	书中的HR解决方案讲究因时因地制宜、简单有效的原则，重在启发读者思路，可供各类企业HRBP借鉴
	回归本源看绩效 孙　波　著	让绩效回顾"改进工具"的本源，真正为企业所用	确实是来源于实践的思考，有共鸣
	世界500强资深培训经理人教你做培训管理 陈　锐　著	从7大角度具体细致地讲解了培训管理的核心内容	专业、实用、接地气
	曹子祥教你做激励性薪酬设计 曹子祥　著	以激励性为指导，系统性地介绍了薪酬体系及关键岗位的薪酬设计模式	深入浅出，一本书学会薪酬设计
	曹子祥教你做绩效管理 曹子祥　著	复杂的理论通俗化，专业的知识简单化，企业绩效管理共性问题的解决方案	轻松掌握绩效管理
	把招聘做到极致 远　鸣　著	作为世界500强高级招聘经理，作者数十年招聘经验的总结分享	带来职场思考境界的提升和具体招聘方法的学习
	人才评价中心．超级漫画版 邢　雷　著	专业的主题，漫画的形式，只此一本	没想到一本专业的书，能写成这效果
	走出薪酬管理误区 全怀周　著	剖析薪酬管理的8大误区，真正发挥好枢纽作用	值得企业深读的实用教案
	集团化人力资源管理实践 李小勇　著	对搭建集团化的企业很有帮助，务实，实用	最大的亮点不是理论，而是结合实际的深入剖析
	我的人力资源咨询笔记 张　伟　著	管理咨询师的视角，思考企业的HR管理	通过咨询师的眼睛对比很多企业，有启发
	本土化人力资源管理8大思维 周　剑　著	成熟HR理论，在本土中小企业实践中的探索和思考	对企业的现实困境有真切体会，有启发
企业文化	**36个拿来就用的企业文化建设工具** 海融心胜　主编	数十个工具，为了方便拿来就用，每一个工具都严格按照工具属性、操作方法、案例解读划分，实用、好用	企业文化工作者的案头必备书，方法都在里面，简单易操作
	华夏基石方法：企业文化落地本土实践 王祥伍　谭俊峰　著	十年积累、原创方法、一线资料，和盘托出	在文化落地方面真正有洞察，有实操价值的书
	企业文化的逻辑 王祥伍　著	为什么企业之间如此不同，解开绩效背后的文化密码	少有的深刻，有品质，读起来很流畅
	企业文化激活沟通 宋杼宸　安　琪　著	透过新任HR总经理的眼睛，揭示出沟通与企业文化的关系	有实际指导作用的文化落地读本
	在组织中绽放自我：从专业化到职业化 朱仁健　王祥伍　著	个人如何融入组织，组织如何助力个人成长	帮助企业员工快速认同并投入到组织中去，为企业发展贡献力量
	企业文化定位·落地一本通 王明胤　著	把高深枯燥的专业理论创建成一套系统化、实操化、简单化的企业文化缔造方法	对企业文化不了解，不会做？有这一本从概念到实操，就够了

续表

生产管理	精益思维：中国精益如何落地 刘承元　著	笔者二十余年企业经营和咨询管理的经验总结	中国企业需要灵活运用精益思维，推动经营要素与管理机制的有机结合，推动企业管理向前发展
	300 张现场图看懂精益 5S 管理 乐　涛　编著	5S 现场实操详解	案例图解，易懂易学
	高员工流失率下的精益生产 余伟辉　著	中国的精益生产必须面对和解决高员工流失率问题	确实来源于本土的工厂车间，很务实
	车间人员管理那些事儿 岑立聪　著	车间人员管理中处理各种“疑难杂症”的经验和方法	基层车间管理者最闹心、头疼的事，‘打包’解决
	1. 欧博心法：好管理靠修行 2. 欧博心法：好工厂这样管 曾　伟　著	他是本土最大的制造业管理咨询机构创始人，他从 400 多个项目、上万家企业实践中锤炼出的欧博心法	中小制造型企业，一定会有很强的共鸣
	欧博工厂案例 1：生产计划管控对话录 欧博工厂案例 2：品质技术改善对话录 欧博工厂案例 3：员工执行力提升对话录 曾　伟　著	最典型的问题、最详尽的解析，工厂管理 9 大问题 27 个经典案例	没想到说得这么细，超出想象，案例很典型，照搬都可以了
	工厂管理实战工具 欧博企管　编著	以传统文化为核心的管理工具	适合中国工厂
	苦中得乐：管理者的第一堂必修课 曾　伟　编著	曾伟与师傅大愿法师的对话，佛学与管理实践的碰撞，管理禅的修行之道	用佛学最高智慧看透管理
	比日本工厂更高效 1：管理提升无极限 刘承元　著	指出制造型企业管理的六大积弊；颠覆流行的错误认知；掌握精益管理的精髓	每一个企业都有自己不同的问题，管理没有一剑封喉的秘笈，要从现场、现物、现实出发
	比日本工厂更高效 2：超强经营力 刘承元　著	企业要获得持续盈利，就要开源和节流，即实现销售最大化，费用最小化	掌握提升工厂效率的全新方法
	比日本工厂更高效 3：精益改善力的成功实践 刘承元　著	工厂全面改善系统有其独特的目的取向特征，着眼于企业经营体质（持续竞争力）的建设与提升	用持续改善力来飞速提升工厂的效率，高效率能够带来意想不到的高效益
	3A 顾问精益实践 1：IE 与效率提升 党新民　苏迎斌　蓝旭日　著	系统的阐述了 IE 技术的来龙去脉以及操作方法	使员工与企业持续获利
	3A 顾问精益实践 2：JIT 与精益改善 肖志军　党新民　著	只在需要的时候，按需要的量，生产所需的产品	提升工厂效率
员工素质提升	TTT 培训师精进三部曲（上）：深度改善现场培训效果 TTT 培训师精进三部曲（中）：构建最有价值的课程内容 TTT 培训师精进三部曲（下）：职业功力沉淀与修为提升 廖信琳　著	从内到外全方位指导企业内训师从专业到卓越	成为优秀企业内训师/培训师的案头必备书籍

续表

员工素质提升	**手把手教你做专业督导：专卖店、连锁店** 熊亚柱　著	从督导的职能、作用，在工作中需要的专业技能、方法，都提供了详细的解读和训练办法，同时附有大量的表单工具	无论是店铺需要统一培训，还是个人想成为优秀的督导，有这一本就够了
	跟老板“偷师”学创业 吴江萍　余晓雷　著	边学边干，边观察边成长，你也可以当老板	不同于其他类型的创业书，让你在工作中积累创业经验，一举成功
	销售轨迹：一位快消品营销总监的拼搏之路 秦国伟　著	本书讲述了一个普通销售员打拼成为跨国企业营销总监的真实奋斗历程	激励人心，给广大销售员以力量和鼓舞
	在组织中绽放自我：从专业化到职业化 朱仁健　王祥伍　著	个人如何融入组织，组织如何助力个人成长	帮助企业员工快速认同并投入到组织中去，为企业发展贡献力量
	企业员工弟子规：用心做小事，成就大事业 贾同领　著	从传统文化《弟子规》中学习企业中为人处事的办法，从自身做起	点滴小事，修养自身，从自身的改善得到事业的提升
	手把手教你做顶尖企业内训师：TTT 培训师宝典 熊亚柱　著	从课程研发到现场把控、个人提升都有涉及，易读易懂，内容丰富全面	想要做企业内训师的员工有福了，本书教你如何抓住关键，从入门到精通
营销类：把客户需求融入企业各环节，提供“客户认为”有价值的东西			
	书名．作者	内容/特色	读者价值
营销模式	**精品营销战略** 杜建君　著	以精品理念为核心的精益战略和营销策略	用精品思维赢得高端市场
	变局下的营销模式升级 程绍珊　叶　宁　著	客户驱动模式、技术驱动模式、资源驱动模式	很多行业的营销模式被颠覆，调整的思路有了！
	卖轮子 科克斯【美】	小说版的营销学！营销理念巧妙贯穿其中，贵在既有趣，又有深度	经典、有趣！一个故事读懂营销精髓
	动销操盘：节奏掌控与社群时代新战法 朱志明　著	在社群时代把握好产品生产销售的节奏，解析动销的症结，寻找动销的规律与方法	都是易读易懂的干货！对动销方法的全面解析和操盘
	弱势品牌如何做营销 李政权　著	中小企业虽有品牌但没名气，营销照样能做的有声有色	没有丰富的实操经验，写不出这么具体、详实的案例和步骤，很有启发
	老板如何管营销 史贤龙　著	高段位营销 16 招，好学好用	老板能看，营销人也能看
	洞察人性的营销战术：沈坤教你 28 式 沈　坤　著	28 个匪夷所思的营销怪招令人拍案叫绝，涉及商业竞争的方方面面，大部分战术可以直接应用到企业营销中	各种谋略得益于作者的横向思维方式，将其操作过的案例结合其中，提供的战术对读者有参考价值
	动销：产品是如何畅销起来的 吴江萍　余晓雷　著	真真切切告诉你，产品究竟怎么才能卖出去	击中痛点，提供方法，你值得拥有
销售	**资深大客户经理：策略准，执行狠** 叶敦明　著	从业务开发、发起攻势、关系培育、职业成长四个方面，详述了大客户营销的精髓	满满的全是干货

续表

销售	**成为资深的销售经理:B2B、工业品** 陆和平　著	围绕"销售管理的六个关键控制点"一一展开,提供销售管理的专业、高效方法	方法和技术接地气,拿来就用,从销售员成长为经理不再犯难
	销售是门专业活:B2B、工业品 陆和平　著	销售流程就应该跟着客户的采购流程和关注点的变化向前推进,将一个完整的销售过程分成十个阶段,提供具体方法	销售不是请客吃饭拉关系,是个专业的活计!方法在手,走遍天下不愁
	向高层销售:与决策者有效打交道 贺兵一　著	一套完整有效的销售策略	有工具,有方法,有案例,通俗易懂
	卖轮子 科克斯　【美】	小说版的营销学!营销理念巧妙贯穿其中,贵在既有趣,又有深度	经典、有趣!一个故事读懂营销精髓
	学话术　卖产品 张小虎　著	分析常见的顾客异议,将优秀的话术模块化	让普通导购员也能成为销售精英
组织和团队	**升级你的营销组织** 程绍珊　吴越舟　著	用"有机性"的营销组织替代"营销能人",营销团队变成"铁营盘"	营销队伍最难管,程老师不愧是营销第1操盘手,步骤方法都很成熟
	用数字解放营销人 黄润霖　著	通过量化帮助营销人员提高工作效率	作者很用心,很好的常备工具书
	成为优秀的快消品区域经理(升级版) 伯建新　著	用"怎么办"分析区域经理的工作关键点,增加30%全新内容,更贴近环境变化	可以作为区域经理的"速成催化器"
	成为资深的销售经理:B2B、工业品 陆和平　著	围绕"销售管理的六个关键控制点"一一展开,提供销售管理的专业、高效方法	方法和技术接地气,拿来就用,从销售员成长为经理不再犯难
	一位销售经理的工作心得 蒋　军　著	一线营销管理人员想提升业绩却无从下手时,可以看看这本书	一线的真实感悟
	快消品营销:一位销售经理的工作心得2 蒋　军　著	快消品、食品饮料营销的经验之谈,重点突出	来源于实战的精华总结
	销售轨迹:一位快消品营销总监的拼搏之路 秦国伟　著	本书讲述了一个普通销售员打拼成为跨国企业营销总监的真实奋斗历程	激励人心,给广大销售员以力量和鼓舞
	用营销计划锁定胜局:用数字解放营销人2 黄润霖　著	全方位教你怎么做好营销计划,好学好用真简单	照搬套用就行,做营销计划再也不头痛
	快消品营销人的第一本书:从入门到精通 刘　雷　伯建新　著	快消行业必读书,从入门到专业	深入细致,易学易懂
产品	**新产品开发管理,就用IPD** 郭富才　著	10年IPD研发管理咨询总结,国内首部IPD专业著作	一本书掌握IPD管理精髓
	资深项目经理这样做新产品开发管理 秦海林　著	以IPD为思想,系统讲解新产品开管理的细节	提供管理思路和实用工具
	产品炼金术Ⅰ:如何打造畅销产品 史贤龙　著	满足不同阶段、不同体量、不同行业企业对产品的完整需求	必须具备的思维和方法,避免在产品问题上走弯路
	产品炼金术Ⅱ:如何用产品驱动企业成长 史贤龙　著	做好产品、关注产品的品质,就是企业成功的第一步	必须具备的思维和方法,避免在产品问题上走弯路

续表

品牌	**中小企业如何建品牌** 梁小平　著	中小企业建品牌的入门读本,通俗、易懂	对建品牌有了一个整体框架
	采纳方法:破解本土营销8大难题 朱玉童　编著	全面、系统、案例丰富、图文并茂	希望在品牌营销方面有所突破的人,应该看看
	中国品牌营销十三战法 朱玉童　编著	采纳20年来的品牌策划方法,同时配有大量的案例	众包方式写作,丰富案例给人启发,极具价值
	今后这样做品牌:移动互联时代的品牌营销策略 蒋军　著	与移动互联紧密结合,告诉你老方法还能不能用,新方法怎么用	今后这样做品牌就对了
	中小企业如何打造区域强势品牌 吴之　著	帮助区域的中小企业打造自身品牌,如何在强壮自身的基础上往外拓展	梳理误区,系统思考品牌问题,切实符合中小区域品牌的自身特点进行阐述
渠道通路	**快消品营销与渠道管理** 谭长春　著	将快消品标杆企业渠道管理的经验和方法分享出来	可口可乐、华润的一些具体的渠道管理经验,实战
	传统行业如何用网络拿订单 张　进　著	给老板看的第一本网络营销书	适合不懂网络技术的经营决策者看
	采纳方法:化解渠道冲突 朱玉童　编著	系统剖析渠道冲突,21个渠道冲突案例、情景式讲解,37篇讲义	系统、全面
	学话术　卖产品 张小虎　著	分析常见的顾客异议,将优秀的话术模块化	让普通导购员也能成为销售精英
	向高层销售:与决策者有效打交道 贺兵一　著	一套完整有效的销售策略	有工具,有方法,有案例,通俗易懂
	通路精耕操作全解:快消品20年实战精华 周　俊　陈小龙　著	通路精耕的详细全解,每一步的具体操作方法和表单全部无保留提供	康师傅二十年的经验和精华,实践证明的最有效方法,教你如何主宰通路

管理者读的文史哲・生活

	书名．作者	内容/特色	读者价值
思想・文化	**德鲁克管理思想解读** 罗　珉　著	用独特视角和研究方法,对德鲁克的管理理论进行了深度解读与剖析	不仅是摘引和粗浅分析,还是作者多年深入研究的成果,非常可贵
	德鲁克与他的论敌们:马斯洛、戴明、彼得斯 罗　珉　著	几位大师之间的论战和思想碰撞令人受益匪浅	对大师们的观点和著作进行了大量的理论加工,去伪存真、去粗存精,同时有自己独特的体系深度
	德鲁克管理学 张远凤　著	本书以德鲁克管理思想的发展为线索,从一个侧面展示了20世纪管理学的发展历程	通俗易懂,脉络清晰
	自我与世界:以问题为中心的现象学运动研究 陈立胜　著	以问题为中心,对现象学运动中的"意向性""自我""他人""身体"及"世界"各核心议题之思想史背景与内在发展理路进行深入细致的分析	深入了解现象学中的几个主要问题

续表

思想·文化	作为身体哲学的中国古代哲学 张再林　著	上篇为中国古代身体哲学理论体系奠基性部分，下篇对由“上篇”所开出的中国身体哲学理论体系的进一步的阐发和拓展	了解什么是真正原生态意义上的中国哲学，把中国传统哲学与西方传统哲学加以严格区别
	中西哲学的歧异与会通 张再林　著	本书以一种现代解释学的方法，对中国传统哲学内在本质尝试一种全新的和全方位的解读	发掘出掩埋在古老传统形式下的现代特质和活的生命，在此基础上揭示中西哲学“你中有我，我中有你”之旨
	治论：中国古代管理思想 张再林　著	本书主要从儒、法墨三家阐述中国古代管理思想	看人本主义的管理理论如何不留斧痕地克服似乎无法调解的存在于人类社会行为与社会组织中的种种两难和对立
	中国古代政治制度（修订版）上：皇帝制度与中央政府（待出版） 刘文瑞　著	全面论证了古代皇帝制度的形成和演变的历程	有助于读者从政治制度角度了解中国国情的历史渊源
	中国古代政治制度（修订版）下：地方体制与官僚制度（待出版） 刘文瑞　著	全面论证了古代地方政府的发展演变过程	有助于读者从政治制度角度了解中国国情的历史渊源
	通天彻地，九大法则：《尚书·洪范》讲记 史幼波　著	精析“洪范九畴”这一中华传统政治哲学的理论基础	寓渊深义理于通俗口语之中，使现代人也能一睹中华文化原典之精湛奥义
	史幼波大学讲记 史幼波　著	用儒释道的观点阐释大学的深刻思想	一本书读懂传统文化经典
	史幼波《周子通书》《太极图说》讲记 史幼波　著	把形而上的宇宙、天地，与形而下的社会、人生、经济、文化等融合在一起	将儒家的一整套学修系统融合起来
	史幼波中庸讲记（上下册） 史幼波　著	全面、深入浅出地揭示儒家中庸文化的真谛	儒释道三家思想融会贯通
	中国思想文化十八讲（修订版）（待出版） 张茂泽　著	中国古代的宗教思想文化，如对祖先崇拜、儒家天命观、中国古代关于“神”的讨论等	宗教文化和人生信仰或信念紧密相联，在文化转型时期学习和研究中国宗教文化就有特别的现实意义
	每个中国人身上的春秋基因 史贤龙　著	春秋368年（公元前770－公元前403年），每一个中国人都可以在这段时期的历史中找到自己的祖先，看到真实发生的事件，同时也看到自己	长情商、识人心
	内功太极拳训练教程 王铁仁　编著	杨式（内功）太极拳（俗称老六路）的详细介绍及具体修炼方法，身心的一次升华	书中含有大量图解并有相关视频供读者同步学习
	中医治心脏病 马宝琳　著	引用众多真实案例，客观真实地讲述了中西医对于心脏病的认识及治疗方法	看完这本书，能为您节约10万元医药费